仕事に活きる教養としての「日本論」

榊原英資

アスコム

はじめに

日本人が思っている以上に、日本は外国の人びとから尊敬されている。そう長年、私は感じていました。

大蔵省の官僚時代には何度も海外に行き、各国の要人と密接に会合をもち、交渉を重ねてきました。いまでも、ひんぱんにいろいろな国へ会議や講演で訪れています。

そのようなとき、私はいつも外国の人びとから日本のことを聞かれます。日本経済の話題はもとより、宗教はどうなっているのか、日本の古典（たとえば源氏物語）を読んだのだがなどと、本質的な質問をぶつけられることも少なくありません。彼らは日本にとても興味を持っていて、日本がほんとうに好きなんだ、と私は感じます。

私たち日本人は、日本に当たり前のように住んでいます。そのため、日本のよさにまったく気づかず、そのすばらしい価値をことさら感じていないのでしょう。

たとえば、日本ほど豊かな自然に恵まれた国はありません。また、日本食が世界で評価され、世界トップレベルの健康な国であることも、そして日本が世界で例を見ない平和な国であることも、私たちは意識していません。

でも、このような国は世界中探しても、どこにもありません。だからこそ、外国の人びとは日本に興味をもち、日本に来たがるのです。私の友人の多くは、日本に住みたい、とまで言うほどです。

必要に迫られて、外国の人びとに日本のよさをどう伝えればいいのか、と私はいつも考えてきました。幸いにも歴史好きで日本食も大好きな私は、折に触れて日本の歴史や文化を学んできました。たとえば「日本人は仏教徒か？」と聞かれれば、私はこう答えます。

「日本には四季があり豊かな自然がある。それが山には山の神、海には海の神がいるというアニミズム的な自然崇拝、一種の多神教をもたらした。その後、仏教が入ってきたが、日本では『神仏習合《しゅうごう》』というユニークな宗教のあり方が長く続いたんだよ」

あるいは「あなたの国は宗教戦争の連続だろう。ところが日本というのは宗教戦争がなく、平和な時代がずっと続いた。多くの国が戦争に使うリソースを、日本は平和的なものに使ったから、教育レベルが高く、文化や伝統も連続しているんだ」と。

これから、私たちの活躍の舞台は、いっそう海外へと広がり、外国の人びとと接することが増えるでしょう。また、2020年東京オリンピックや、少子高齢化の労働力不足によって、海外の人びとがどんどん日本を訪れる機会が増えるでしょう。

そのようなときに、私たちは日本のよさを、しっかりと自信をもって伝えることができるようになることが大事だ、と私は思っています。

この本では、自然、歴史、伝統、文化など、日本のすばらしい部分をできるだけ取り上げました。どれもビジネスマン・ウーマンや学生諸君に最低限わきまえていてほしい話ばかりです。

みなさんが、この本で得た教養や知識を武器に、グローバルな世界にどんどん挑戦し、日本のよさを世界の人びとに伝えてくだされば、著者としてこれ以上うれしいことはありません。

榊原 英資

第1章 なぜ日本にきた外国人は、みな驚いたのか？

第3章 なぜ日本は、世界に例を見ない平和な国でいられたのか？

第4章 なぜ日本は、宗教が戦争にならなかったのか?

第5章

なぜ日本は、万世一系の天皇を続けてきたのか？

第6章 なぜ日本は、外国文明を見事に取り入れることができたのか？

第7章 なぜ日本は、世界トップの健康な国になったのか？

本書中の人名は、敬称を略させていただきました。

第1章

なぜ日本にきた外国人は、みな驚いたのか？

英国の女性探検家イザベラ・バードは一九世紀の日本を「桃源郷」と讃えた

読者のみなさんは、「日本」という国について、どんな印象をお持ちでしょうか。日本は二〇一一年三月一一日、東日本大震災に襲われて、東北復興はまだ途半《みち》ばです。福島第一原発事故も、収束まで数十年以上かかります。

少子高齢化が進んだ日本は、すでに「人口減少社会」に突入し、かつてのような経済成長は望めません。一九九〇年代初頭にバブルがはじけてからはパッとしない経済状況が続き、安倍晋三政権のアベノミクスによって光明が見えてきたのは、ようやくここ一年半ほどのことです。国の借金も一〇〇〇兆円を突破し、財政再建は容易ではありません。このように見てくると、**日本という国はあまりパッとしない国、前途にあまり期待できない国と思われるのも、無理はない**のかもしれません。

しかし、いや、だからこそ私は、日本という国にはすばらしいところが数え切れないほどある、と声を大にして主張したいと思っています。すばらしいところをあえて三つに絞れば、**「豊かな自然」「安全な環境」「健康な国民」**でしょう。実はこの三つは国際社会でもおおいに注目され、いまや全世界で日本に対する再評価が進んでいます。

日本のすばらしさを再認識し、それを戦略的に最大限活用する生き方をすれば、成長率が何%かと一喜一憂する必要はありません。**売上高や所得の伸びなど気にせず、生活の質を向上させ、心の豊かさをはぐくみ、カネやモノに左右されない本当の幸せを手にすること**――これこそ、「成長社会」から「成熟社会」へと新たなステージを上った私たち日本人が、いま痛切に求められている生き方ではないでしょうか。

そんな日本のすばらしさを、私は本書でみなさんにお伝えします。まず、一九世紀に日本を訪れたイザベラ・バードの物語から始めましょう。

イザベラ・バードは、イギリスはヨークシャー州の牧師の娘として一八三一年に生まれ、アメリカ、カナダ、中国、ペルシャなどを旅した女性旅行家《レディ・トラベラー》です。

日本には一八七八年に訪れて、東京を起点に日光、新潟を抜けて日本海側から北海道にいたる北日本を旅し、関西も訪問しています。この経験に基づき一八八〇年、『Unbeaten Tracks in Japan』(『日本奥地紀行』高梨健吉訳・平凡社)を書いています。

日光は金谷《かなや》ホテル（当時は外国人向け民宿の「金谷カッテージ・イン」）があり、西洋人がよく訪問するところでした。バードも金谷ホテルに滞在し、家主の金谷善一郎とともに二週間、東照宮など日光の景勝地を探訪しています。

彼女は中禅寺湖、男体山《なんたいさん》、華厳《けごん》の滝、竜頭《りゅうず》の滝、戦場《せんじょう》ヶ《が》原《はら》などの**緑と咲き誇る花々を絶賛**しています。奥日光の日光湯元温泉も訪れ、一泊した八島屋の清潔さに感動して「人間ではなく妖精が似合う宿である」と述べています。

日光の後訪れた山形県南陽市の赤湯温泉の湯治場にも強い関心を示し、**置賜《おきたま》地方を「エデンの園」と呼び、その風景を「東洋のアルカディア」とまで評している**のです。

アルカディアは、古代ギリシャ時代からペロポネソス半島にある地名で、後世に牧人の楽園として伝承され、西洋では「理想郷」や「桃源郷」の代名詞です。

日本は「めぐまれた」「温室の」「その中でも箱入り」の地域にある

文化人類学者の梅棹忠夫《うめさおただお》は、『文明の生態史観』（中央公論社）で、**世界を「第一地**

域」と「第二地域」に分け、日本と西ヨーロッパを第一地域としました。

梅棹によれば第一地域の特徴は、中緯度温帯で適度の雨量があり森林におおわれた、たいへん「めぐまれた」環境を有していることです。第一地域の日本と西欧は「温室みたいなところ」で、「その社会は、その中の箱入り」であり、「条件のよいところで、ぬくぬくとそだって、何回かの脱皮をして、今日にいたった」というのです。

日本と西ヨーロッパは、梅棹忠夫がいうように、たしかに似たような温暖な自然環境下にあります。しかし、日本と西ヨーロッパ、たとえばイギリスは、同じ島国ですが、大きく異なる点もあります。それは、同じ緯度のヨーロッパ諸国と比べて**日本の夏が暑く、冬は寒く、四季がきわめてはっきりしている**ことです。

東京・マニラ・ロンドンの年間気温を比較したのが図1です。イギリスの首都ロンドンは北緯五一度二八分で、北海道より北のサハリン付近に位置しています。北緯三五度四一分の東京より緯度がはるかに高いにもかかわらず、ロンドンの冬の寒さは、東京とほとんど同じです。一方、東京の夏は、フィリピンの首都マニラの夏とあまり違わず、かなり暑いこともわかります。

ヨーロッパの人たちが夏を好み、太陽を浴びることが大好きなのも、このあたりの事情からくるのでしょう。逆にロンドンの春と秋はかなり肌寒い季節です。どんよりした日が多く、霧におおわれることも少なくありません。

東京とだいたい同じ緯度にある世界各地の月平均気温を比べてみると、**東京はいわゆる「東岸気候」、つまり大陸の東側にある地域の典型的な気候**で、寒暖の差が大陸ほど激しくありません。しかも、西岸気候や海洋気候と比べると四季が明確です。

同じ大陸東岸にあるアメリカのワシントンDCとほぼ同じ季節のパターンです。ワシントンのポトマック河畔では、日本から贈られた桜の木が三月から四月にかけて見事な花をつけます。気候が日本と似通っているから、ほぼ同じ時期に咲くのです。

もう一つ重要な日本の地理的な特色は、**日本がモンスーン・アジアのほぼ北限に位置する**ことです。

図2はユーラシア大陸の大気候区分図です。インドから東南アジア、日本にいたる地域は**季節風《モンスーン》が卓越して湿潤や暑熱の気候をもたらす「モンスーン・アジア」**。これに対してアラビア砂漠から中央アジア、内陸アジアにかけては「乾燥アジア」と呼ばれています。さらにユーラシア大陸の大西洋岸は、モンスーン・アジアほど雨が多くなく冷涼な「大西洋アジア」で、これが西ヨーロッパです。その北がスカンジナビア

日本・西欧は温室育ちの気候

【図1】東京・マニラ・ロンドンの年間気温

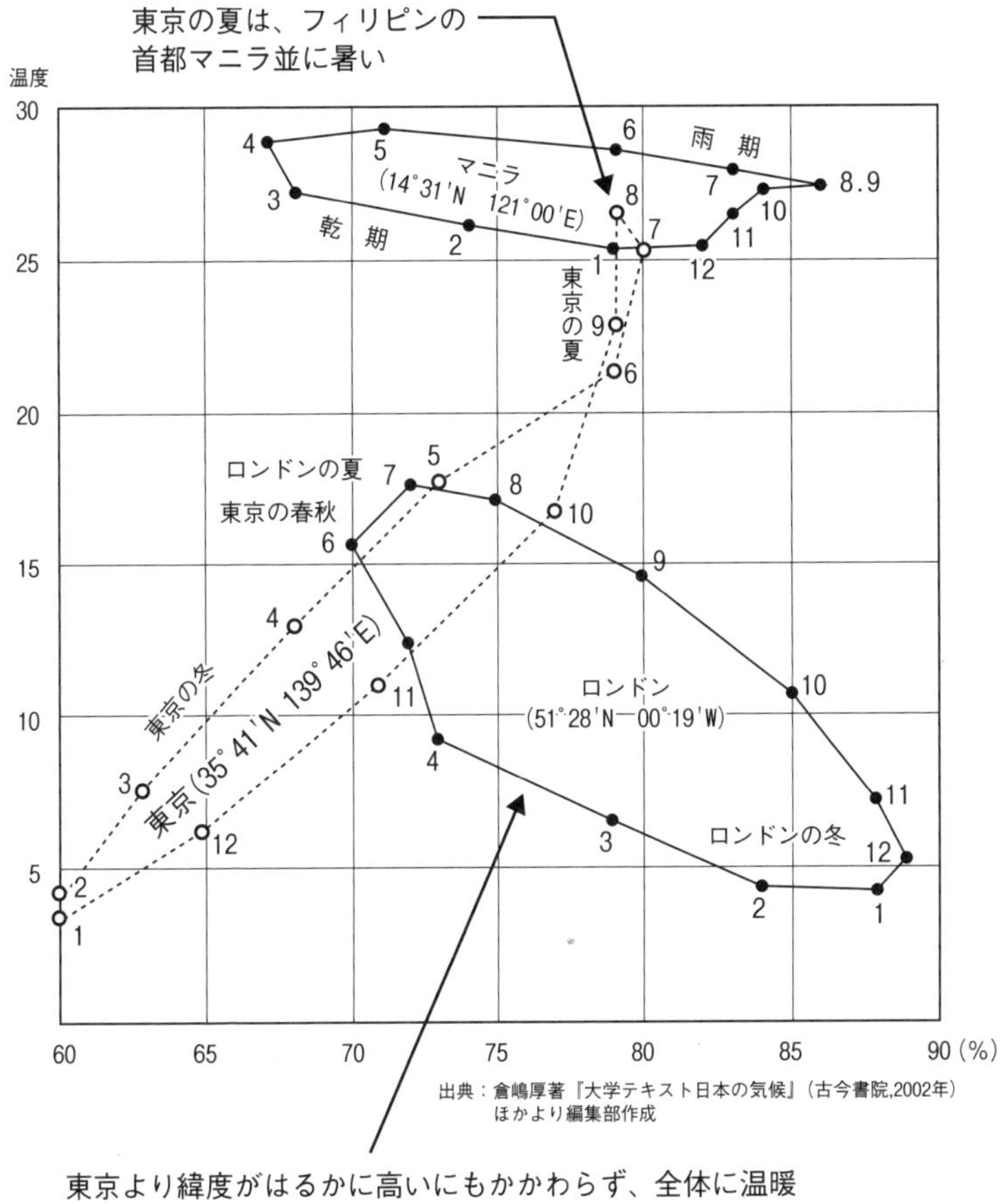

出典：倉嶋厚著『大学テキスト日本の気候』（古今書院,2002年）
ほかより編集部作成

諸国など「北方アジア」、つまり北ヨーロッパです。

モンスーン・アジアの特徴は、**雨がきわめて多い**ことです。図3は世界の主要都市の降雨量ですが、東京はスリランカの中心都市（旧首都）コロンボについで降雨量が多く、ヨーロッパ諸都市の三倍近くに上っています。

図2内にアジアの多雨地域が描かれていますが、モンスーン・アジア地域とほぼ重なっています。モンスーン・アジアは雨期と乾期がはっきり分かれ、しかも雨期が長く続きますが、日本の雨期は梅雨《つゆ》と秋霖《しゅうりん》（秋の長雨）に限られています。**温帯にありながら降雨量が多い**ことが、日本の気候の際立った特色です。**日本を含む降雨量の多いモンスーン・アジアでは、稲作と漁撈《ぎょろう》が中心になって文明がつくられていった**のです。

これに対して、乾燥アジアは遊牧による牧畜が中心となり、雨が少なく冷涼な大西洋アジアでは麦作と牧畜がセットになった混合農業が発達しました。

水田の稲作を基本とし、しかも肉食用の家畜を欠いていた日本では、水がたいへん重要で、水の供給源としての森も大切にされてきました。ところが、**中国の内陸部やヨーロッパでは、麦作と牧畜のために森を開拓し、耕地や放牧地を拡大することが優**

雨が多いモンスーン・アジア気候

【図2】ユーラシア大陸の大気候区分図

日本を含むモンスーン・アジアの特徴は、雨がきわめて多いこと

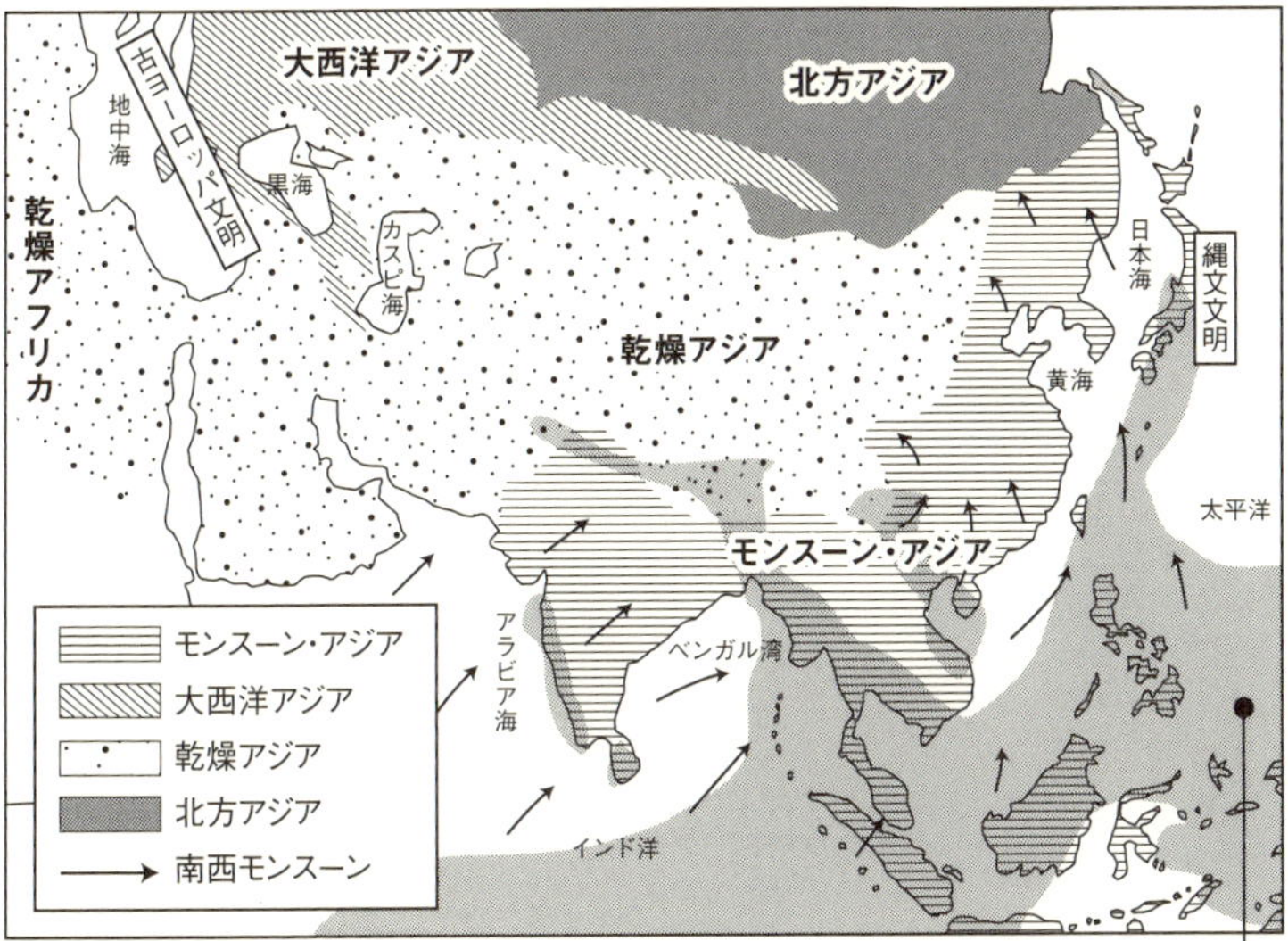

出典：安田喜憲著『稲作漁撈文明』、倉島厚『大学テキスト日本の気候』より編集部作成

アジアの多雨地域（陰影部は降雨量2000mm以上）

【図3】主要都市の降雨量

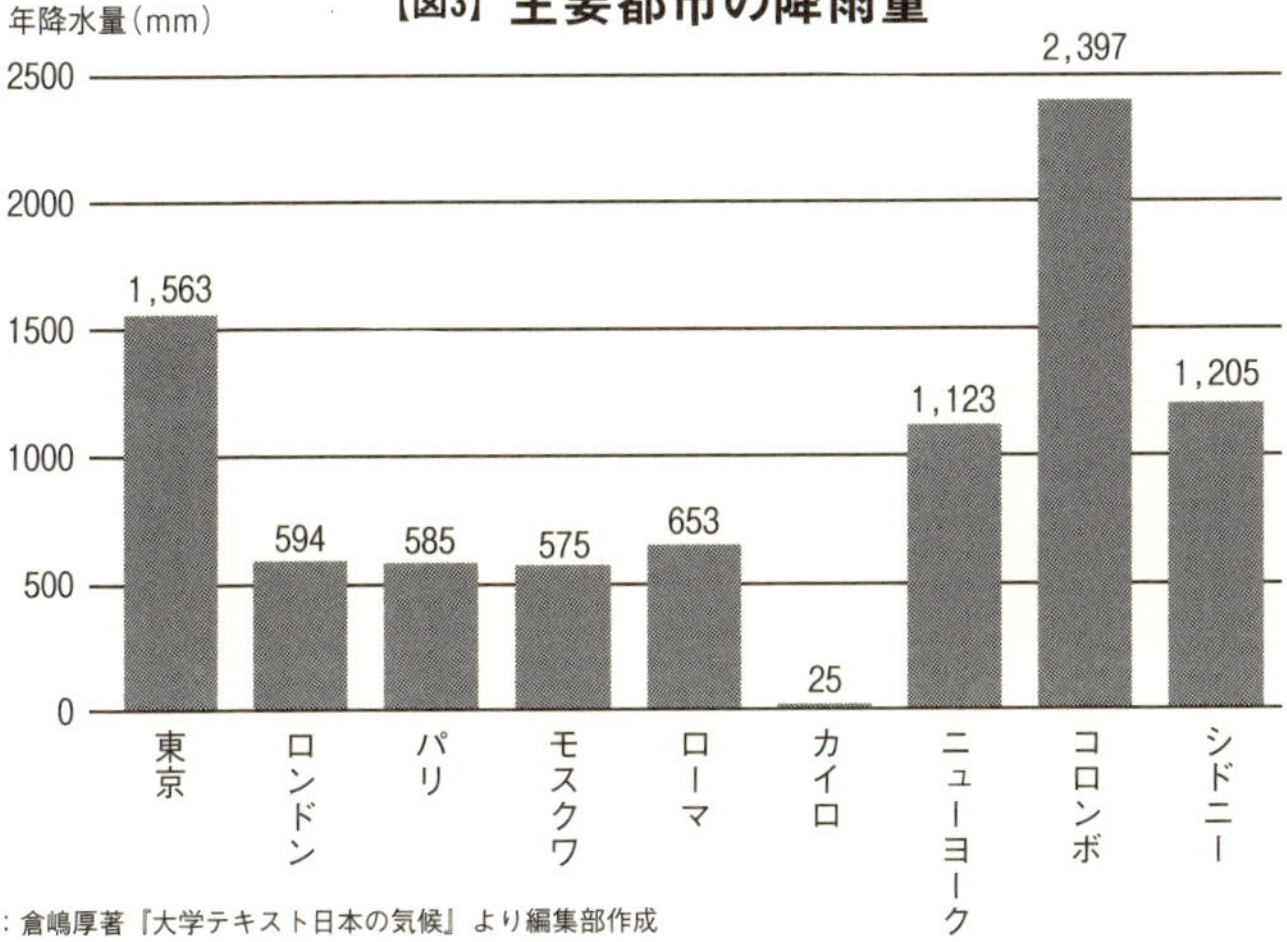

出典：倉嶋厚著『大学テキスト日本の気候』より編集部作成

先されました。モンスーン・アジアの国ぐに、とくに日本は海に面していますから、タンパク源として魚が主として食され、肉食用の家畜を育てる必要はなかったのです。

なぜこれほど「安全な国」なのか

イザベラ・バードは、『日本奥地紀行』でこう書いています。

「私はそれから奥地や蝦夷《えぞ》を一二〇〇マイルに渡って旅をしたが、まったく安全でしかも心配もなかった。**世界中で日本ほど婦人が危険にも不作法にもあわず、まったく安全に旅行できる国はない**と信じている」

このバードの記述、つまり一八七八年の体験によって書かれた一節は、現代の旅行記に出てきたとしても、何の不思議もありません。**江戸時代から明治・大正・昭和・平成を通じて、日本はきわめて安全な国だ**ということができるのでしょう。

図4はOECD諸国の犯罪率の比較です。犯罪被害者とは、調査までの一年間に「一回以上犯罪にまきこまれた」と回答した人たちです。**日本は、スペイン・ハンガ**

リー・ポルトガルなどと並んで、もっとも犯罪が少ないグループに属しています。明治初期に、日本の安全についてバードが語ったことは、現在でもあてはまります。

日本の安全は、日本の歴史において平和な時期が長く続いたことと深く関係しているのでしょう。梅棹忠夫の言い方では、日本はイギリスなどと同じユーラシア大陸縁辺の国として「ぬくぬくとそだった」わけです。

しかし、ユーラシア大陸に近い島国という点で共通する日本とイギリスは、よく考えれば大きな違いもあります。それは**大陸と島を隔てている距離**です。

イギリスとヨーロッパの大陸国家を分けるドーバー海峡は、ドーバー・カレー間がわずか三五キロメートル。しかも海は大きく荒れることがなく、ドーバー海峡を泳いでわたるイベントもしばしばおこなわれています。

対して日本の九州と韓国の間は、対馬列島をはさんでかなり遠く、福岡・釜山《ぷさん》間がおよそ二〇〇キロメートル。しかも日本海、対馬海峡、玄界灘《げんかいなだ》はしばしばひどく荒れることがあります。命を賭してわたらなければならないことも、昔は少なくありませんでした。

豊かな自然に恵まれた島国という点で、イギリスと日本は似通っていますが、**ドー**

バー海峡と対馬海峡の違いは、両国の歴史を決定的に変えたといえるのでしょう。

穏やかなドーバー海峡に隔てられたイギリスのほうが、日本海や対馬海峡の荒海に隔てられた日本よりも、大陸からわたりやすかったのです。だからイギリスは、紀元前七〇〇年頃から諸民族の征服の対象となりました。ケルト人、ローマ人、アングロ・サクソン人、ノルマン人たちが次々とやってきて、イギリスを支配しました。諸民族の争いは現在まで影響を残しており、イギリスはイングランド、ウェールズ、スコットランド、北アイルランドという四つの地域に分断された連合国家です。

イギリスと日本の違いは、もちろん地理的条件だけによるのではありません。ヨーロッパと比べるとアジア、なかでも**早い時期から帝国を成立させた中国は、あまり好戦的な国ではありませんでした**。中国が、いわゆる「華夷《かい》秩序」、つまり中国こそ世界の中心（中華）で周囲は野蛮人の国（夷）だから、中国皇帝は貢ぎ物を寄こした者を各国の王として認める、という穏やかな「朝貢《ちょうこう》システム」を維持したことも、理由の一つでした。

しかし、長い歴史の間には中国もかなり好戦的だった時期があります。元のクビライは日本に遠征軍を二度も派遣し、日本は歴史上唯一、征服される危機に瀕《ひん》しました。

【図4】 OECD諸国の犯罪率

「犯罪被害者」になったと回答した調査で、
日本は、もっとも犯罪が少ないグループに属している

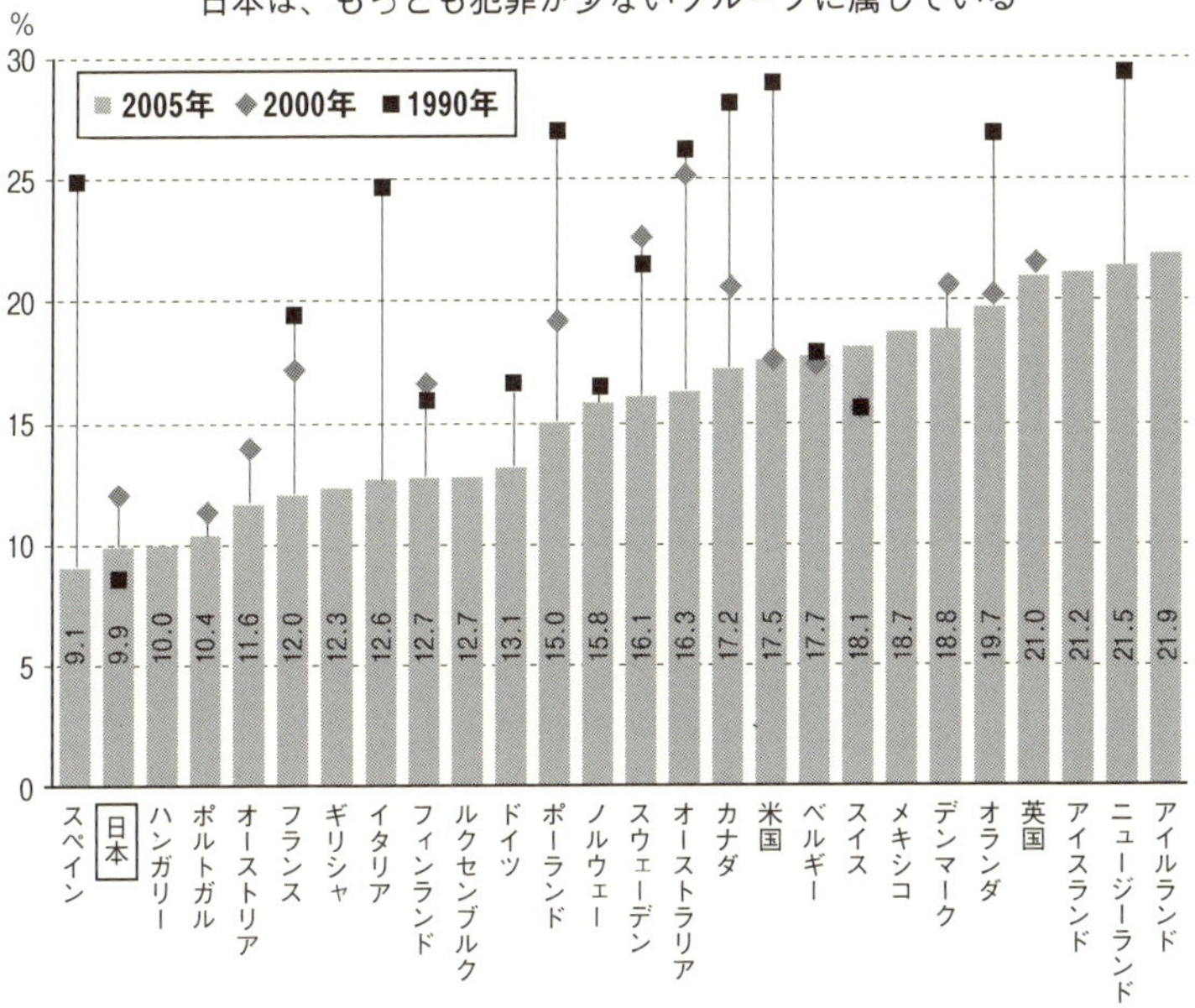

(注)国連地域間犯罪司法研究所(UNICRI)と国連薬物・犯罪局(UNODC)によって実施された「国連犯罪被害者調査」による。犯罪被害者は調査前1年間に1回以上犯罪の犠牲になったと回答した者。1990年は1989～1992年の結果。2000年は同年ないし1996年(オーストリア)、2005年は同年ないし2004年の結果である。1990年は在来型の11犯罪(ドイツは10犯罪)、2000年・2005年は10犯罪が対象。
出典：OECD Factbook 2006・2009より編集部作成

【図5】 ドーバー海峡と対馬海峡

ドーバー・カレー間はわずか35km　　福岡・釜山間はおよそ200km

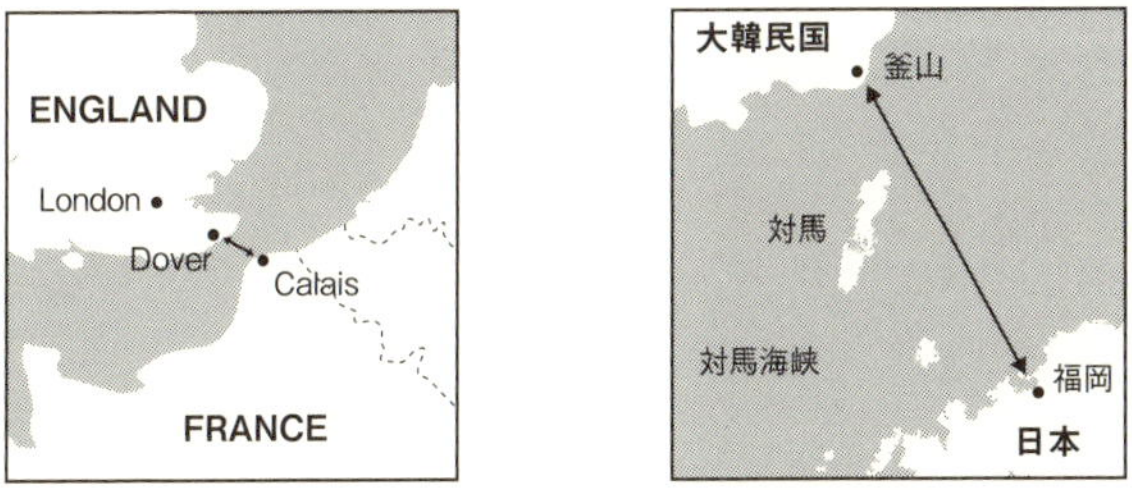

出典：各種資料より編集部作成

このときは日本海の荒波と台風が日本を救ってくれたのです。日本海や対馬海峡がドーバー海峡のようにわたりやすかったならば、おそらく日本は元に征服されていたでしょう。

世界史上「一度も侵略されなかった」日本の奇跡

ですから「大陸との距離」が、イギリスと日本が同じような自然環境にありながら決定的に異なる国になっていった、最大の原因だったのです。ごく簡単にいえば、**地理的な条件の違いによって、日本は平和国家に、イギリスは戦争につぐ戦争をしなければならない国に、ならざるをえなかった**のです。

この意味で、日本はたいへん幸せな国でした。**世界を見渡しても、国が成立して以来千数百年間、一度も異民族に侵略されなかった国は日本以外にはない**でしょう。

日本で、大規模な内乱がなく平和だった年数を数えると、平安時代が三九一年、江戸時代が二六五年で、合計六五六年となります。

明治維新までの千数百年間に日本が戦った対外戦争は、①六六三年の白村江《はくすきのえ》の戦い、②元寇《げんこう》（一二七四年の文永の役と一二八一年の弘安の役）、③朝鮮出兵（一五九二年の文禄の役と一五九七年の慶長の役）のたった三回だけです。しかも、うち二回の戦場は朝鮮半島で、日本の地における対外戦争は元寇のみでした。

長い平和な歴史のなかで日本は、イザベラ・バードが絶賛したように、アジアの大陸国家やヨーロッパ諸国に比べてもきわめて安全な国になっていったのです。

もっとも、日本にも戦乱の時期がなかったわけではありません。①ヤマト王権が日本最初の統一政権として確立していった古墳時代の初め（二五〇〜四〇〇年頃まで）、②前九年の役（一〇五一〜一〇六二年）、後三年の役（一〇八三〜一〇八七年）、保《ほう》元《げん》・平治の乱（一一五六年・一一六〇年）をへて源平の戦いの後に鎌倉幕府が成立（一一九二年）するまで、③応仁《おうにん》の乱（一四六七〜一四七七年）から戦国時代をへて江戸幕府が成立（一六〇三年）するまで、そして④幕末・明治維新です。

小説やドラマ・映画などには、しばしばこれらの時期がとりあげられますが、四つの時期を合計しても四〇〇年弱。つまり古墳時代から明治維新まで一六〇〇年前後のうち、わずか四分の一にすぎません。**日本は、国ができてから近代にいたるまで、対**

外戦争はわずかに三回で、内乱の時期も全体の四分の一にすぎなかったのです。

同じ島国でも戦争の連続だったイギリス

日本と比べて、同じユーラシア大陸縁辺の島国であるイギリスの歴史は、どうなっていたでしょうか。

まず紀元前七世紀にケルト人が侵入。紀元前後にはローマ帝国の属領になっています。五世紀にはアングロ・サクソン人の侵入が本格化して、アングロ・サクソン時代が続きます。九世紀にはデーン人が侵入してイングランドを征服。一一世紀にはノルマン人が侵入しノルマン朝が成立します。

その後、アンジュー伯アンリがイングランド王として即位し（ヘンリー二世）、プランタジネット朝が成立（一一五四年）。この頃は十字軍の時代で、リチャード一世は第三次十字軍に参加しています。一三三七年にはフランスとの百年戦争が始まって、一四五三年まで続きます。さらにバラ戦争（ランカスター家とヨーク家が王位を争奪した内乱)、ドイツ農民戦争、イタリア戦争と、ヨーロッパの戦乱は続きます。

イギリスは一五八八年にスペイン無敵艦隊を撃破し、ヨーロッパでの覇権を確立しました。しかし、ドイツ三〇年戦争(一六一八〜一六四八年)、第一次〜第三次英蘭戦争、スペイン継承戦争と、ヨーロッパの戦乱は収まりません。

一八世紀に入ると戦争は北アメリカ、インドなどに波及し、各国の産業革命を背景として、植民地をめぐる戦いが熾烈《しれつ》になっていきます。一八世紀末〜一九世紀初めは対フランス戦争、ナポレオン戦争が続き、一八七〇〜一八七一年の普仏《ふふつ》戦争以後はイギリスの支配権が確立されて、いわゆる「パックス・ブリタニカ」(イギリスの平和)が始まります。ここから第一次世界大戦まで、ヨーロッパでは大きな戦争は起こっていません。

イギリスの歴史を紀元前から近代までたどれば、**異民族の侵入に始まって「対外戦争の連続」だった**ことがわかります。イギリスやヨーロッパの近世・近代史は、まさに「戦争の歴史」で、戦争はヨーロッパから世界へと拡大し、列強は軍事力によって世界の植民地化を進めました。パックス・ブリタニカ時代はたしかに大きな戦《いくさ》がありませんでしたが、これは戦争で勝ちとった平和にすぎなかった、というべきでしょう。

つかの間の平和は四〇年ほどで崩壊し、ヨーロッパは第一次・第二次世界大戦へと突入していきます。

こう見てくると、**日本の近世から近代にかけての平和が、いかに世界の例外で、すばらしいものだったか**、理解できるでしょう。

日本も明治維新後、いわゆる帝国主義戦争に巻き込まれていきますが、それまでは「戦争のヨーロッパ」に対して「平和の日本」だったということができるのでしょう。バードが感嘆した日本の安全は、この「平和」の大きな果実の一つだった、といえるのではないでしょうか。

江戸時代は富者も貧者もなく、庶民は豊かな暮らしをしていた

とても平和で安全だった日本は、とても豊かな国でもありました。

歴史家の渡辺京二は、江戸時代から明治初期にかけて来日した外国人の目を通して江戸時代の社会を再構成した名著『逝きし世の面影』（葦書房）で、こう書いています。

「当時の欧米人の著述のうちで私たちが最も驚かされるのは、民衆の生活のゆたかさについての証言である。そのゆたかさとはまさに最も基本的な衣食住に関するゆたかさであって幕藩体制下の民衆生活について、悲惨きわまりないイメージを長年叩きこまれてきた私たちは、両者間に存するあまりの落差にしばし茫然たらざるをえない」

一八五六年に来日して、伊豆下田のアメリカ領事館に「最初の領事旗」をあげたタウンゼント・ハリスの『日本滞在記』（坂田精一訳・岩波文庫）を引用しながら、渡辺は次のようにも述べています。

「この一連のハリスの記述の含意は何だろう。彼は日本には悲惨な貧は存在せず、民衆は幸せで満足そうだと言っている。しかもそれとともに彼が言いたいのは、日本人の生活は上は将軍から下は庶民まで質素でシンプルだということである。『富者と貧者もない』というのはそういう意味だ。そして、衣食を保障されたそういう簡素な生活こそ、『人民の本当の幸福の姿』だというところに彼の言わんとする核心があったのだし、それゆえにこそ彼は、己れの使命がその幸福を破壊することにあるのを思って、しばし暗然たらざるをえなかったのである」

つまり、**江戸時代の日本は、庶民が豊かだったばかりでなく、富が権力者に集中し**

ておらず、経済や日常生活から見て、かなり平等な社会だった、ということです。

欧米の権力者への富の集中と、華美できんきらきんの王宮や私邸に比べると、日本の権力者たちのそれはきわめて簡素だったのです。

もっとも、その簡素さの中に贅《ぜい》をつくす日本の「わび」や「さび」、あるいは「いき」の文化は、ハリスたち外国人には理解できなかったかもしれません。いずれにせよ、江戸時代という現在の日本の一つの原型をつくった時代が、**経済的な豊かさと、比較的平等な富の分配に特徴づけられた社会であった**ことは、間違いないところです。

年貢の取り立ては厳しくなく、現代の所得税程度だった

日本の農村では、いわゆる「村方三役」（名主《なぬし》・組頭《くみがしら》・百姓代《ひゃくしょうだい》）が村落共同体の中心にありました。幕府や藩の行政機構は、村の自治には直接介入せず、「村請《むらうけ》」といって、年貢や役務《えきむ》などを村単位で、村全体の責任として納めさせる形をとっていたのです。この自治の歴史は長く、鎌倉時代あたりから確立していたとされています。

ですから、「五公五民」や「四公六民」という言葉が示すように、江戸時代は苛斂《かれん》誅求《ちゅうきゅう》（情け容赦ない税金などの取り立て）が厳しかったように思われていますが、現場で年貢の査定をするのは村方《むらかた》（村人）ですから、実際の徴税額は生産量の二〇〜三〇％程度。**現在の所得税や法人税とそれほど違わなかった**ようです。

村落共同体における村方と富の分離、村方による自治の確立があいまって、江戸時代の農村はきわめて豊かでした。町（都市）でも行政が町方《まちかた》（町人）の自治に任せた部分が大きく、村と同じことがいえました。**幕府や藩など権力側は財政が逼迫《ひっぱく》し、富の蓄積ができなかったばかりか借金が累積していったのに対して、民の側は豊かで、かなりの富が蓄積されていった**のです。

近世農村史に詳しい歴史学者の大石慎三郎は、民の豊かさとその背景について、社会人類学者の中根千枝らとの共著『江戸時代と近代化』（筑摩書房）で、次のように述べています。

「徳川日本が明治社会に残した遺産の中で、大きい意味を持っているのは民富だと私は思うのです。経済史家だからそう思うのかもしれませんが、明治以降日本が急速に近代化するにあたっての資本をくれているわけで、これがなかったら、いくら上のほうの状況がよくてもあんなに簡単には追い付けなかったはずです」

なぜ民富がそれだけあったのか。大石が指摘するように、やはり長い平和の意味が大きいのでしょう。

武士は、権力はあっても、土地を持たないサラリーマンに過ぎなかった

江戸時代の農村の豊かさや、民富の蓄積を支えたのは、権力と富の分離であり、その背景にあった「兵農《へいのう》分離」（武士階級とその他階級との身分的な分離）システムでした。

たしかに**将軍や大名、武士階級は権力を持った支配者でしたが、武士たちは土地を所有しない、いわば「サラリーマン」だった**のです。徴税権は持っていましたが、税によって給与をもらっているという点では明治以降の公務員と同じです。

実際に土地を所有し、商業メカニズムを動かしていたのは農民と町人で、とくに富を集中的に持っていたのは「豪農」や「豪商」と呼ばれた人たちでした。紀伊國屋《きのくにや》文

左衛門が典型ですが、文左衛門といえども政治的権力は持っていませんでした。

日本以外の国は、ヨーロッパでも中国やインドでも、**支配者たちは必ず土地を所有し権力と富をあわせ持っていました**。エリート層は広大な土地を持ち、その経済力を基盤として権力を握り、行使したのです。しかし、日本の支配者である武士たちは、土地を所有せず、必ずしも経済的基盤を持たないままに権力を振るったのです。これは世界でも類を見ないユニークなシステムです。

中根千枝は、この特徴的なエリートのあり方を、前掲書で「制度的エリートシステム」と呼んでいます。経済的な実力をともなわない、政治的につくられたエリートというわけです。反対に富を持っていたのは豪商や豪農でしたが、政治的権力は持っておらず、エリートと呼べる階層ではありませんでした。

江戸時代の日本は、実はかなり平等で分権の進んだ社会だった

武士と農民は非常に離れた存在のように思えますが、両者にはかなりの共通性があ

る、と中根は指摘します。

第一に、**両者とも「経済ストック」を持たない**ということです。武士は禄《ろく》で生活しています。農民も、大地主や豪農は例外で小農民が中心ですから、ほとんど蓄えを持っていません。

第二に、武士も農民も**内部に際だった階層がない**、と中根はいうのです。たしかに武士の間に差はあるのですが、中根によれば、これは階級や階層ではなく、同質なものの中の「格」の差です。

農民にも本百姓《ほんびゃくしょう》（年貢を納める正規の農民）とか水呑百姓《みずのみびゃくしょう》（年貢を収める基準に達しない農民）とかいろいろありますが、これは相対的な違いにすぎず、他の国のように大土地所有者と一般農民という階層の分離はない。つまり、**江戸時代の日本は基本的にかなり平等な社会だった**、というのです。

平等の原因でもあり結果でもあるでしょうが、**江戸時代の日本の村落はきわめて自立性が高く、かなりしっかりした地方分権が成立していました**。中国には省があって、府があって、県があって、郷があって、村があります。一見すると日本の行政組織も似ていますが、日本は中国と違って村の自立性が高く、上部組織の機能が弱いのです。

江戸時代の日本社会はかなり平等で、しかも、村単位の自治が相当強かったのです。

「権威と権力の分離」「富をもたないエリート」は、現代にも受け継がれる日本独自のシステムだ

右に述べた**「権力と富の分離」**と**「制度的エリートの存在」**は、**実は現代でも続く日本の特色**です。

江戸時代の武士に対応するのは、現在では政治家、官僚、サラリーマン経営者を含むサラリーマンたちで、かくいう著者もその一人。彼らは武士たちと同じく禄、つまりサラリーによって生活し、大量の土地や株を持っていないのが一般的です。著者も残念ながら、財産と呼べるほどのものは持っていません。

江戸時代の豪商・豪農にあたるのは、オーナー経営者や森林地主たちだといえるでしょう。しかし、いまでも制度的エリートは前者であって、後者の権力は若干の例外はあっても、それほど強いものではありません。

しかも、日本の大企業経営者たちのサラリーは決して高いものではなく、アメリカ

のカウンター・パート（対応する立場の相手）の一〇〇分の一程度です。ストック・オプションや成功報酬などを含めるとアメリカの大企業のトップの年収は数十億円で、一〇〇億円を超える大金持ちも少なからずいます。

対して日本では、一億円以上の年収を得ている経営トップはごく少数です。日本の大企業のサラリーマン社長は、制度的エリートではあっても、欧米のように富をあわせ持っているわけではないのです。

日本社会の権威は伝統的に天皇と、天皇につながる人びとであり、権力は政治家や官僚が持っています。つまり、**権威と権力が分離している**のですが、その権力者も欧米的な階層的エリートではなく、**経済基盤を持たない制度的エリート**というわけなのです。

そして、社会におけるステータスという意味では、少なくとも形式的には、天皇に代表される権威がもっとも上位にあり、次に制度的エリートである政治家や官僚、サラリーマンがいます。いわゆる**オーナー経営者など富を持つ人びとのステータスは、通常それほど高いものではありません。**アメリカならば「アメリカン・ドリーム」の体現者としてもてはやされるに違いない人が、日本では「成り上がり」「成金」などと呼ばれるわけです。

これは、欧米にも他のアジアの国にもあまりないことで、外国人にとってはなかなか理解しにくいことのようです。

司馬遼太郎は『この国のかたち』（文藝春秋）で、こんなことを語っています。

「ごく一般的な少年にとって、いい大学にゆきたいというのは、子どもっぽい見栄である。ただしその両親にとっては、息子がいい大学を出ることによって、いい会社に入ることを望む。ときにはその息子が、銀座のいい場所にある商家にうまれながら、いい大学を出たために相続を弟にゆずって、自分は三井とか住友の一社員になる。たとえば台湾ならばこういうことはない。アメリカでもその現象は奇とされるらしい」

「『あれだけは私はわからないんです。どうしてですか』とアメリカうまれの日系三世の未婚の女性がいった。このひとはＵＣＬＡで政治学を専攻し、さらに早稲田で修士をとったぐらいだから、よほどの日本通である。アメリカの青年なら、一も二もなく商家のほうをとりますよ、と彼女はいった」

最近こうした状況にも若干の変化が見られますが、制度的エリート指向は根強く残っています。ようするに、三井や住友のサラリーマンは、年収こそ商家の主《あるじ》より相当低くても制度的エリートだ、というわけです。**企業戦士やビジネス戦士と呼ばれる現代の「サムライ」は、まだまだ「町人」よりも社会的ステータスが高いようです。**

世界でも珍しい「子どもの楽園」だった明治の日本

イザベラ・バードは一八七九年の日光での見聞を、次のように書いています。

「私はこれほど自分の子どもに喜びをおぼえる人びとを見たことがない。子どもを抱いたり背負ったり、歩くときは手をとり、子どもの遊戯を見つめたりそれに加わったり、たえず新しい玩具をくれてやり、野遊びや祭りに連れて行き、子どもがいないとしんから満足することがない。他人の子どもにもそれなりの愛情と注意を注ぐ。父も母も、自分の子に誇りをもっている。毎朝六時ごろ、一二人か一四人の男たちが低い堀に腰を下して、それぞれ自分の腕に二才にもならぬ子どもを抱いて、かわいがったり、一緒に遊んだり、自分の子どもの体験と知恵を見せびらかしているのを見ているとたいへん面白い。その様子からすると、この朝の集りでは子どもが主な話題となっ

ているらしい」（前掲書）

イギリスの初代駐日総領事ラザフォード・オールコックは、一八五九年からハリー・パークスに引き継ぐ六五年まで、二年間の休暇をはさんで四年間日本に滞在しました。一八六三年にはロンドンで『大君の都』（山口光朔訳・岩波文庫）を出版し、開国後の幕末日本を紹介しています。

オールコックは「子どもの楽園」という表現を使っています。彼は初めて長崎に上陸したとき、「いたるところで、半身または全身はだかの子どもの群れが、つまらぬことでわいわい騒いでいるのに出くわ」してそう感じた、といいます。

バードやオールコックだけでなく、**日本に滞在した多くの外国人たちは、日本で子どもたちが大切にされていることに強い印象を受けています**。明治の日本で子どもが特別な存在だったことは、欧米世界から見て非常に珍しかったようなのです。

お雇い外国人のジョルジュ・ブスケはフランスの弁護士で、日本に滞在した一八七二〜一八七六年の見聞をまとめた『日本見聞記』（野田良之、久野桂一郎訳・みすず書房）を出版しています。彼は、日本の「子どもたちは、他のどこより甘やかされ、おもねられている」と表現しています。

エドワード・モースはアメリカの動物学者で、一八七七年に貝類の標本採集のため私費で来日し、大森貝塚を発掘したことで知られています。一八七八～一八七九年、一八八二～一八八三年にも来日して東京大学で教えたモースは、こう書き残しています。

「私は日本が子どもの天国であることをくりかえさざるを得ない。世界中で日本ほど、子どもが親切に取り扱われ、そして子どものために深い注意が払われる国はない。ニコニコしているところから判断すると、子どもたちは朝から晩まで幸福であるらしい」（『日本その日その日』石川欣一訳・東洋文庫）

来日した外国人たちにとって、日本の子どもたちが何の心配も問題もなしに、朝から晩まで通りで転げまわっている姿は、きわめて印象深いものでした。

一八七三年から一八八五年までお雇い外国人として来日したカート・A・ネットーは、ガートフィールド・ワグナーとの共著『日本のユーモア』（高山洋吉訳・雄山閣）で述べています。

「子どもたちの主たる運動場は街中である。（中略）子どもは交通のことなどすこしも構わずに、その遊びに熱中する。かれらは歩行者や、車を引いた人力車夫や、重い荷物を担いだ運搬夫が、独楽《こま》を踏んだり、羽根つき遊びで羽根の飛ぶのを邪魔したり、紙鳶《たこ》の番をみだしたりしないため、すこしの迂《まが》り路《みち》はいとわないことを知っているのである。馬が疾駆して来ても子どもたちは、騎馬者《うまののりて》や駆者を絶望させるような落着きをもって眺めていて、その遊びに没頭する」

彼ら外国人が記したのは明治初期の庶民生活であり、子どもたちの遊びですが、この風景はその後も大きな変化がなく、少なくとも二〇世紀に入るまで続きます。

スーザン・B・ハンレーは、『江戸時代の遺産――庶民の生活文化』（指昭博訳・中央公論社）で、こうした明治初期、あるいは江戸時代から続いた庶民生活のパターンが少しずつ変わり始めるのは第一次世界大戦以降であって、それが急激に転回するのは第二次世界大戦以降だ、と述べています。

さらにいえば、**一九五〇年半ばから一九七〇年代の高度経済成長が生活のパターンを劇的に変えてしまった**、ということができるのでしょう。

一九四一年生まれの筆者の少年時代は一九四〇年代から五〇年代にかけてですが、バードやモースらが描いた子どもたちの街頭での遊びは、まだ続いていました。家の前でこまを回して遊びましたし、面子《めんこ》などに夢中になっているときは、通行人や車には一向におかまいなしでした。もっとも、当時はそれほど自動車は普及していませんでしたが……。

正月には凧を揚げましたし、女の子たちは羽根つきに興じていました。ハンレーが言うように、庶民生活のあり方は少なくとも一九四〇年代から五〇年代初めまでは、それほど大きく変わっていなかったのです。

庶民の暮らしは、第二次大戦後の高度経済成長で劇的に変わった

日本の農業や農村を見ても、明治以来のあり方は子どもの姿と同じように、昭和中期まで、あまり変わりません。**農業就業人口は明治中期から一九五五年までほぼ一五〇〇万人前後で、農村の風景も、この頃までは大きく変わってはいませんでした。**

しかし、その頃から農業就業人口は急速に減少し、二〇一二年に二五一万人まで減ってしまいました。総農家数は二〇一〇年に二五三万戸、うち販売農家は一六三万戸です。販売農家のうち専業農家は二八％、第一種兼業農家（兼業で農業所得が主）が

一四％、第二種兼業農家（兼業で農業所得が従）が五八％となっています。

ただし、**農業生産性は急速に向上して、日本の農産物総生産量は一九六〇年の四七〇〇万トンから二〇〇五年には五〇〇〇万トンに増加しています。**

日本の農業は、高度経済成長期をへて総生産量は維持したものの、農村も農家も大きく変化し、いまや第二次兼業農家が全体の半分以上を占めるようになったのです。**日本の農業、庶民生活、子どもの遊びを決定的に変えたのは、日本の高度経済成長でした。**

では、外国人が感心した子どもたちを大切にする日本の文化はどう変わっていったのでしょう。

子どもの遊びは、街中《まちなか》での凧揚げや羽根つきからビデオゲームに変わり、街中で遊ぶ子どもを見かけることはめっきり減りました。街は子どもたちの「楽園」ではなくなってしまったのですが、子どもを大切にする文化は残っているのでしょうか。長い間はぐくまれてきた文化がそう簡単に変わることはないにしても、**日本社会の子どもたち全体を大切にするという側面は、少しずつ崩れてきている**ようです。

阿部彩《あや》著『子どもの貧困』（岩波新書）によれば、二〇歳以下の日本の子どもの貧困率は二〇〇四年に一四・七%と、一九八九年の一二・九%から大きく上昇していま す。また、**日本の家族関係の公的支援はヨーロッパ諸国に比べるとたいへん低い**ので す。家族の面倒は家族が、あるいは、親戚を含めた大家族が見てきた日本的な伝統が あったにせよ、核家族化が進むなかで家族給付が拡大していないことは問題です。

少子化が進むなかで日本は、ヨーロッパのように出産・育児・教育により多くの公 費を投入すべき時期を迎えているのではないでしょうか。

第2章

なぜ日本は、豊かな森と海を大切にし続けることができたのか?

日本は、国土面積の七割の森林をもつ世界第二位の「森林大国」でもある

図6は世界の森林率（国土面積に占める森林面積の割合）ですが、実は日本はフィンランドにつぐ「森林大国」です。日本は島国だとよく言われますが、日本は「海の国」でありながら、また「森林の国」でもあるのです。

地球の陸地全体に占める森林面積は、わずかに七・七%、九五%が天然林、五%が植林による人工林です。森林はユーラシア大陸、北アメリカ、南アメリカ、アフリカに集中しています。熱帯林は全森林の四七%に達し、ここに地球の全生物の五割から九割、四〇〇〇万種から一億種の生物が生息しているとされています。

日本が国土面積の七割近い森林を維持することができたのは、文明の形によるところが少なくありません。米を主食とし魚をタンパク源とする日本の食文化のあり方が、「稲作漁撈文明」という森林を維持する文明を支えてきたのです。

これに対して、麦作と牧畜をセットにしたヨーロッパでは、大森林を開墾《かいこん》して牧場

「海の国」でありながら、「森の国」でもある

【図6】各国の国土面積に占める森林面積の割合

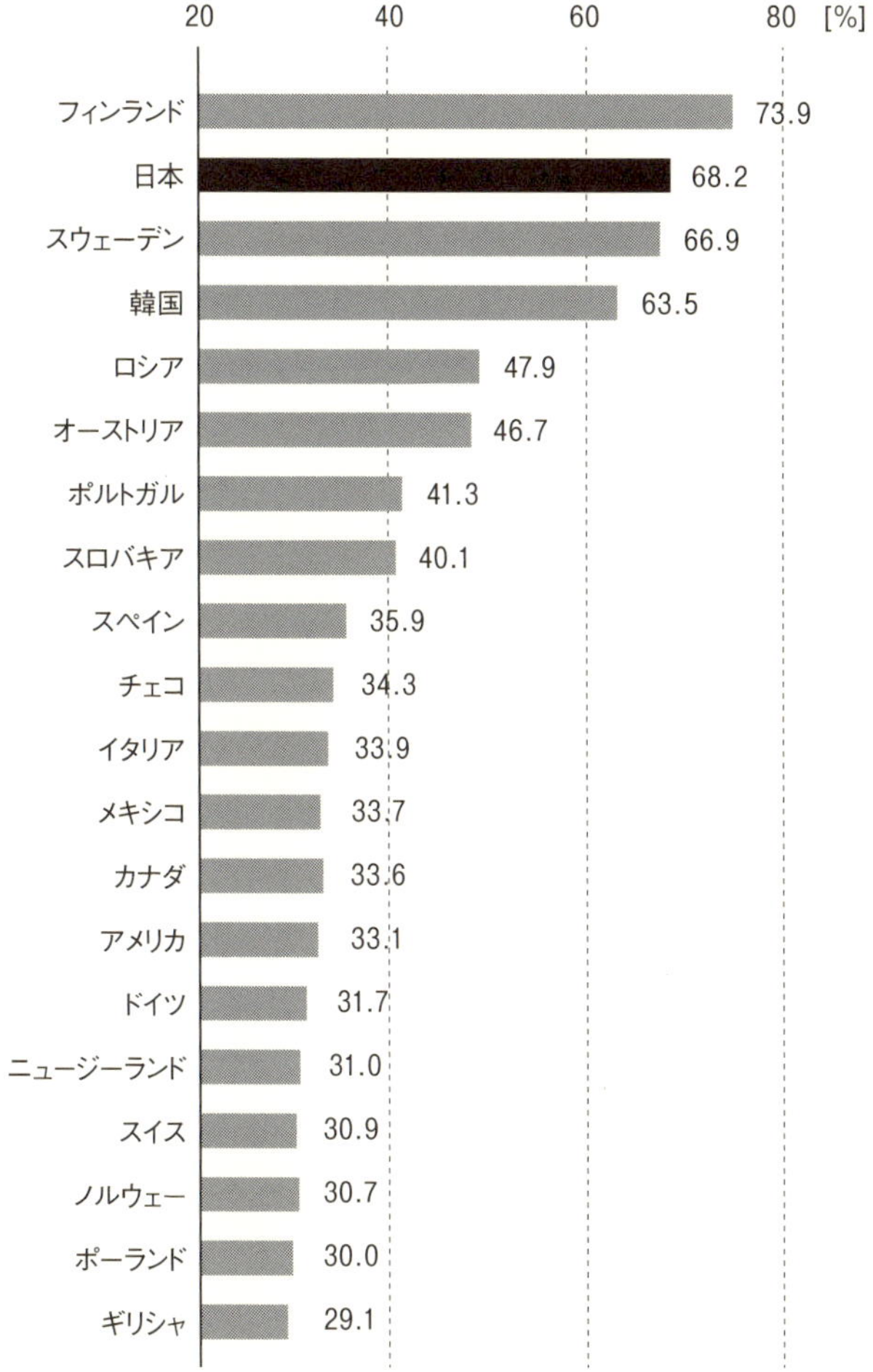

日本はフィンランドにつぐ「森林大国」。
日本は「海の国」でありながら、また「森林の国」でもある。

出典：FAO - Global Forest Resources Assessment 2005 ほかより編集部作成

と小麦畑をつくらざるをえませんでした。一一～一二世紀はヨーロッパの「大開墾時代」で、ブナやナラの大森林が次々と破壊され、牧場と小麦畑に姿を変えていきました。

ヨーロッパは、北欧やロシアを除けばどこも森林率が低く、イギリスの森林率は一一・八％、フランスは二八・三％、イタリアは三三・九％、ドイツは三一・〇％です。ドイツのグリム童話には森の話がたくさん出てきます。ヘンゼルとグレーテル、赤ずきん、いばら姫（眠れる森の美女）、白雪姫など、絵本や映画で深そうに描かれる森の面積ですが、実は日本の森の割合の半分もないわけです。

日本特有の信仰が、森林を必要とし、維持させてきた

近代まで肉食をしなかった日本は、米と魚を主たる食糧として、森を守ってきました。水田稲作農業によって日本の沖積《ちゅうせき》平野にあったイチイガシの森やハンノキ林は破壊されたのですが、日本の神道《しんとう》は鎮守《ちんじゅ》の森をつくり、かつての森の風景を水田の中

に再現させました。**里山の森は大切に守られ、人びとは厳重な掟《おきて》を定めて森との共生を図った**のでした。

水田稲作農業を基本とし、肉食用の家畜を必要としなかった日本の農耕社会では、経営規模を拡大して粗放的にするよりも、労働集約的にするほうが収量が多かったのです。

急な地形ですから水田の拡大には限界がありましたし、急峻な山地に家畜を放牧するよりも、森を保存し森の資源を水田の肥料として利用するほうが、土地の生産性を上げることになったのです。灌漑《かんがい》用水を定常的に確保するためには水源涵養《かんよう》林が必要でしたし、豪雨による災害を防ぐためにも森は必要でした。また、温暖で湿潤な気候は、森の再生には好都合でした。こうして日本人は、森の資源に強く依存する農耕社会をつくっていったのです。

『稲作漁撈文明』(雄山閣)著者の安田喜憲は、こうした森と里山の日本文化の背景には、日本人の伝統的な自然観がある、と論じています。

西欧世界に見られる人間中心のヒューマニズムとは違って、日本人は「存在するものすべて生命あるもの、生きとし生きるものと見、この生命あるものを規範として山川から人間まで一切の存在するものを見る（略）『自然生命的存在論』をもっとも強く温存している」というのです。安田は、こうした自然観、哲学を持った日本の神道を新しく見直すべきだ、と梅原猛を引用しながら述べています。

ヨーロッパが機械化によって自然を収奪する「産業革命」を進めたのに対して、**日本は自らの労働力を投入して生産性を上げ、棚田《たなだ》を造成し、森と水の循環系を維持していく「勤勉革命」を実行していった**のです。

産業革命は森を破壊し、自然と人間を切り離しましたが、**勤勉革命は森を維持し、自然と人間の共存につながりました**。日本が現在でも世界有数の森林大国であることは、こうした日本人の自然観、哲学を背景としたものだったといえるのでしょう。

哲学者の梅原猛は、そんな日本人の自然観は必然的に多神教に結びつく、と述べています。『饗宴』（講談社）から引用しておきましょう。

「私が一神教より多神教を選びたいもっとも強い理由は、一神教は結局、農耕牧畜文明から発し、世界の開発のための宗教であったということである」

日本も英国も領土面積は狭い島国

【図7】世界の領土・面積ランキング

順位	国	単位:km^2	順位	国	単位:km^2
1位	ロシア	17,070,000.00	41位	南スーダン	640,000.00
2位	カナダ	9,971,000.00	42位	ソマリア	638,000.00
3位	中国	9,600,000.00	43位	中央アフリカ	623,000.00
4位	アメリカ	9,372,615.00	44位	ウクライナ	603,700.00
5位	ブラジル	8,512,000.00	45位	マダガスカル	587,041.00
6位	オーストラリア	7,592,024.00	46位	ケニア	583,000.00
7位	インド	3,287,263.00	47位	ボツワナ	582,000.00
8位	アルゼンチン	2,780,000.00	48位	イエメン	555,000.00
9位	カザフスタン	2,724,900.00	49位	フランス	547,000.00
10位	アルジェリア	2,380,000.00	50位	タイ	514,000.00
11位	コンゴ(旧ザイール)	2,345,000.00	51位	スペイン	506,000.00
12位	サウジアラビア	2,150,000.00	52位	トルクメニスタン	488,000.00
13位	メキシコ	1,970,000.00	53位	カメルーン	475,440.00
14位	インドネシア	1,890,000.00	54位	パプアニューギニア	462,000.00
15位	スーダン	1,880,000.00	55位	スウェーデン	450,000.00
16位	リビア	1,760,000.00	56位	ウズベキスタン	447,400.00
17位	イラン	1,648,195.00	57位	モロッコ	446,000.00
18位	モンゴル	1,564,100.00	58位	イラク	437,400.00
19位	ペルー	1,290,000.00	59位	パラグアイ	406,752.00
20位	チャド	1,284,000.00	60位	ジンバブエ	390,000.00
21位	ニジェール	1,267,000.00	61位	ノルウェー	386,000.00
22位	アンゴラ	1,247,000.00	62位	日本	377,835.00
23位	マリ	1,240,000.00	63位	ドイツ	357,000.00
24位	南アフリカ	1,220,000.00	64位	コンゴ共和国	342,000.00
25位	コロンビア	1,139,000.00	65位	フィンランド	338,000.00
26位	ボリビア	1,100,000.00	66位	マレーシア	330,000.00
27位	エチオピア	1,097,000.00	67位	ベトナム	329,241.00
28位	モーリタニア	1,030,000.00	68位	ポーランド	323,000.00
29位	エジプト	1,000,000.00	69位	コートジボワール	322,436.00
30位	タンザニア	945,000.00	70位	オマーン	310,000.00
31位	ナイジェリア	923,773.00	71位	イタリア	301,000.00
32位	ベネズエラ	912,050.00	72位	フィリピン	299,404.00
33位	ナミビア	824,000.00	73位	ブルキナファソ	274,200.00
34位	モザンビーク	802,000.00	74位	ニュージーランド	270,534.00
35位	パキスタン	796,000.00	75位	ガボン	267,667.00
36位	トルコ	780,576.00	76位	エクアドル	256,000.00
37位	チリ	756,000.00	77位	ギニア	245,857.00
38位	ザンビア	752,610.00	78位	イギリス	243,000.00
39位	ミャンマー	680,000.00	79位	ウガンダ	241,000.00
40位	アフガニスタン	652,225.00	80位	ラオス	240,000.00

出典：外務省「外国地域情勢」ほかより編集部作成

日本の領土面積は世界で62位。領土大国のロシア、カナダ、中国、アメリカなどと比べると４％以下。イギリスは78位と日本よりさらに狭い。

海の広さで見れば、世界六位の「海洋国家」でもある

図7が示すように、日本の領土面積は世界で六二位で、領土大国のロシア、カナダ、中国、アメリカなどと比べると四％以下です。同じユーラシア大陸の縁辺にある島国のイギリスは七八位と日本よりさらに狭く、日本の六四％しかありません。

しかし、これは陸地面積だけの話であって、**日本もイギリスも海の大国**です。**領海と排他的経済水域を合わせた海の広さでは、日本は世界のナンバー6、英国はナンバー8に躍り出ます**（図8）。領土に領海と排他的経済水域を合わせた広さでは、日本は第九位、英国は第一一位です（図9）。

しかも、**日本の海は深く全体の六割以上が水深三〇〇〇メートルを超えています。**だから海の体積で見れば、日本は世界第四位の海洋大国なのです。

日本はこの広い海域に六八五二の島があります。人口が集中しているのは北海道、本州、四国、九州の四島ですが、小笠原群島、沖ノ鳥島、南鳥島、大東諸島といった

日本もイギリスも海の大国

【図8】各国の排他的経済水域（EEZ）と領海を合わせた国別順位

国名	EEZ+領海
アメリカ	11,351,000 km^2
フランス	11,035,000 km^2
オーストラリア	10,648,250 km^2
ロシア	7,566,673 km^2
カナダ	5,599,077 km^2
日本	4,479,358 km^2
ニュージーランド	4,083,744 km^2
イギリス	3,973,760 km^2
ブラジル	3,660,955 km^2
チリ	2,017,717 km^2
ポルトガル	1,727,408 km^2
インド	1,614,514 km^2
アルゼンチン	1,159,063 km^2
マダガスカル	1,225,259 km^2
中国	877,019 km^2

領海と排他的経済水域を合わせた面積では、日本は447万km^{2}で世界第6位、イギリスは397万km^{2}で世界第8位。

【図9】各国のEEZと領海と領土を合わせた国別順位

国名	EEZ+領海+領土
ロシア	24,641,873 km^2
アメリカ	20,982,418 km^2
オーストラリア	18,335,100 km^2
カナダ	15,583,747 km^2
ブラジル	12,175,831 km^2
フランス	11,709,843 km^2
中国	10,476,979 km^2
インド	5,559,733 km^2
日本	4,857,193 km^2
ニュージーランド	4,352,424 km^2
イギリス	4,218,580 km^2
アルゼンチン	3,925,953 km^2
チリ	2,773,813 km^2
カザフスタン	2,717,300 km^2
スーダン	2,505,810 km^2

領海と排他的経済水域に領土を加えた面積では、日本は486万km^{2}で世界第9位、イギリスは422万km^{2}で第11位。

出典：各種資料より編集部作成

絶海の島じまが、日本の海の大きさに寄与しているのです。**海が広く、しかも体積が大きいので、日本は世界有数の海洋資源を持っている国**なのです。

第1章でもお話ししたように、日本とユーラシア大陸を隔てる海はかなりの荒海です。この荒海に助けられて日本は大陸からの侵攻をまぬがれることができました。元寇は日本史上最大ともいうべき危機でしたが、これも荒海と台風に助けられ元の水軍は壊滅してしまったのです。

しかし、**古代から多くの日本人はこの荒海の危険を冒して大陸にわたって仏教を学び、中国文明を移入していった**のです。七世紀初めから派遣された遣隋使、遣唐使は、まさに命がけの外交使節だったといえるのでしょう。

九世紀に比叡山で天台宗を開いた最澄《さいちょう》も、真言宗の開祖である空海《くうかい》も、危険を顧みず海を越え、仏教を学んだのでした。

最澄、空海が活動する数十年前に、日本に来日した中国の高僧鑑真《がんじん》は、海賊や暴風雨に何度も阻まれ、視力を失うという苦難を経験しています。

ユーラシア大陸と九州を結ぶ玄界灘に浮かぶ沖ノ島には宗像《むなかた》大社があり「海の正倉院」と呼ばれています。ここには当時からの大陸の品々が発掘、保存され、日本と大陸が荒海にもかかわらず、深い交流を持っていたことが示されています。

日本独自の意識と文化が生まれたのは、「辺境」という位置による

日本は荒海で大陸から隔てられた六八五二の島からなる島嶼《とうしょ》国家ですから、大陸国家などとはまったく異なる歴史を形成していきました。

内田樹《たつる》は『日本辺境論』（新潮新書）で「辺境」としての日本の特色を論じましたが、まさに荒海に隔てられた島国だからこそ、日本は「辺境」として独自の国家をつくっていったのです。

日本には欧米のような国家意識がない、と内田は論じます。千数百年以上前に国が統一されて以来、一度も異民族に侵略されたことがない日本人にとっては、アメリカのように**「国をつくった」意識は、まったくといってよいほどない**のです。昔から「何となく」日本があって、私たちは「何となく」この島に住んでいます。

内田は、日本人は「他国との比較でしか自国を語れない」ともいいます。つまり、

近代国家、ネーション・ステートとして自分の国を意識していないわけです。これは考えてみれば自然なことでしょう。国を意識するときは征服、侵略、戦争などです。それが他国と比べ極端に少なかった日本は、ある意味で、とても幸せな国ではありました。「辺境人」にとって「現実」は外から与えられるものだ、と内田は指摘しますが、そのとおりでしょう。外の現実に照らして自分の考え方や行動がどうなのか、が「正しさ」の基準になるわけです。自ら抽象的な理念、自由や平等や博愛という理念をつくり出し、その理想から正しさを判断するのではありません。**正しさの基準は常に外にあり、それに照らして判断するのが辺境の人びとなのです。**

判断基準は華夷秩序だったり、近代ヨーロッパだったり、西欧民主主義・資本主義だったりするわけですが、常に外にあります。文字も「真名《まな》」と「仮名《かな》」といって、真なるものは中国の漢字であり、日本化された文字は仮のものです。和漢折衷《せっちゅう》や和洋折衷のなかで、表は外の外国、裏が内である日本、ということになっていくのです。

松岡正剛はこうした折衷文化を、西田幾太郎を引用して「絶対矛盾的自己同一」と呼んでいます。日本の社会や文化の奥に潜んでいるものは、こうした「矛盾と統合」だというのです。

「和と荒、正と負、陰と陽、凸と凹、表と裏、『みやび』と『ひなび』の同居です（略）。このような矛盾したものが合わさっていく、アワセになっていく。そうやって自己同一をゆさぶっていくのが日本流なんです」（『神仏たちの秘密――連塾方法日本1』春秋社）

表ではなく裏。正ではなく負。そうしたところに日本的魅力があるのです。余白の美、数奇や歌舞伎、わびさび、いなせ、いきの中に日本文化の粋《すい》があるというのです。

この松岡の日本文化論は、まさに**辺境としての日本の生き方であり美意識**です。この場合の表や正は中国文明であり、その裏や負が辺境日本です。明治以降の表や正は近代的ヨーロッパ文明ということになります。いずれにせよ、正統や中心は外にあるわけです。

黒潮と親潮のぶつかりが、日本の海をきわめて豊穣な「世界三大漁場」の一つにした

日本は四方を海に囲まれ、**世界でも珍しく暖流と寒流がぶつかる潮目に位置します。**

亜熱帯環流の一部を形成する暖流の「黒潮」は藍黒色で、幅一〇〇キロメートル、流速毎秒一・五メートル。フィリピン群島の東岸から、台湾の東、南東諸島の西、日本列島の南を北上し、犬吠埼沖に向かって流れた後は、東に方向を変えて太平洋の中央部に向かう太平洋最大の海流です。黒潮の分流の対馬海流は、日本海に流れ込む唯一の海流です。

一方、ベーリング海に発する寒流の「親潮」は茶色がかった緑色で、千島列島に沿って南下し、三陸沖や房総沖付近まで流れています。水温は低く、塩分も薄いのですが、非常に栄養塩に富んでおり、春に海温が上がるとプランクトンが大増殖します。これを魚が食べますから「魚を育てる親」の潮というわけです。

こうした**豊かな日本の沿岸部の海は「世界三大漁場」の一つ**とされています。

ちなみに三大漁場の残り二つは、北大西洋アメリカ東岸から、カナダ、ニューファンドランド島の東に広がる「グランドバンク」海域と、イギリスからノルウェーにかけた「北海周辺海域」です。グランドバンクは、北からのラブラドル海流と南からのメキシコ湾流がぶつかる潮目で、浅く凹《おう》のある海底地形によってロブスターやタラなどがよく獲れる好漁場となっています。イギリスからノルウェーにかけての海域も比

黒潮と親潮が育んだ豊饒の海

【図10】黒潮と親潮、世界三大漁場

寒流の「親潮」は茶色がかった緑色で、栄養塩に富み、
春にはプランクトンも豊富。

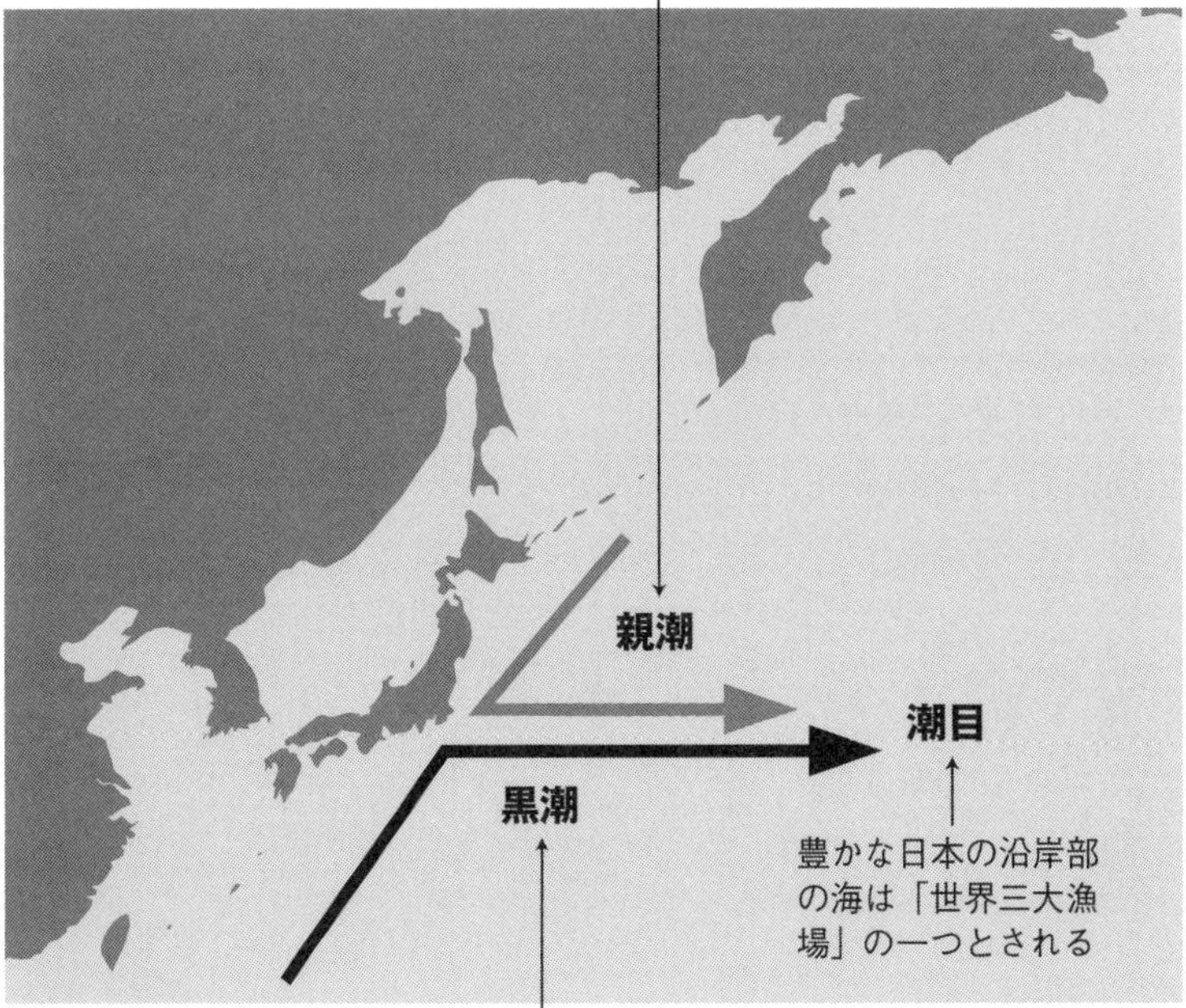

出典：各種資料より編集部作成

暖流の「黒潮」は藍黒色、太平洋最大の海流

較的浅い大陸棚で、タラ、ニシン、サバなどの本場です。

世界には約二万八〇〇〇種類の魚が存在するとされていますが、うち三八〇〇種、約一三・六％が日本の沿岸部に生息しています。

当然、日本人の主要なタンパク源の一つは魚です。二〇〇七年の統計によると、日本人は一日一人あたり八〇・二グラムの水産物を摂取しています。肉類の八二・六グラムよりは若干少ないものの、魚介類と肉類の摂取量はほぼ均衡しています。

鰹や鰤の食べ方、呼び名を見るだけで海流の恵みがわかる

黒潮に乗って北赤道海流の終点から北上してくる典型的な魚が鰹《かつお》です。著名な鰹の産地を見ると、すべて黒潮の流れに沿った場所です。鰹はフィリピン以南から赤道付近の海域で通年産卵し、その一部が黒潮に乗って日本付近まで回遊してくるのです。四国の土佐沖に姿を見せるのは三～四月で、紀伊半島をとおって四～五月には房総半島沖に到着します。七～八月には東北の金華山沖に達し、一部はさらに北上を続け

て北海道沖まで移動します。水温が低下して南の海へ戻っていくのが「戻り鰹」です。日本人は縄文時代から鰹を食べていたようで、縄文遺跡からは、網とともに鰹の骨や鰹を釣るための釣鉤《つりばり》が出土しています。

江戸時代は「初物を食べると寿命が延びる」などといわれ、魚介や野菜の初物が高値で売買されました。とくに鰹の人気は高く、初鰹はたいへんな高値で取り引きされました。

鰹人気が沸騰した理由の一つは、身が堅いという堅魚《かたうお》から名がついた鰹が「勝つ魚」とされたからだ、といいます。戦国時代の一五三七年、北条氏綱《うじつな》が小田原沖で鰹釣りを見物していたとき、一尾の鰹が船に飛び込んできたので、戦いに「勝つ」魚として大喜びしたのが始まりだそうです。その後、徳川幕府も鰹を縁起のよい魚として扱い、これが庶民に広まった、というのです。

鰹は生で食べるだけではなく、奈良・平安時代から干して酒や塩などとともに調味料として使っていたようです。燻《いぶ》して乾燥した「鰹節」ができるのは、江戸時代が始まる前後とされますが、それ以前にも琉球など南西諸島で鰹節がつくられています。

鰹節の起源は必ずしも明らかではありませんが、インド洋のモルディブ諸島では、かなり昔から鰹節がつくられ、一五世紀から一六世紀初頭にかけてインドや中国などへの輸出品になっていました。おそらく、琉球を間に挟んだ交易によってモルディブ諸島から日本に伝わったのではないか、と思われます。

鰹節は室町末期から江戸初期には日本国内で生産され、日本の輸出品の一つになりました。当時の主な生産地は屋久島などの南西諸島と紀州でした。ちなみに鰹節の老舗「にんべん」の創業は元禄一二年、一六九九年です。

鰹ほど遠くからくるわけではありませんが、黒鮪《くろまぐろ》や鰤《ぶり》も黒潮が東シナ海から運んでくる回遊魚です。黒鮪は、台湾付近で産卵し、日本近海で育って、太平洋を北回りで一周しながら成長する回遊魚です。四〜五月に産卵し、春から夏にかけて北上します。北海道までいってから秋に南下するのは鰹と同じです。

鰤は、いわゆる「出世魚」。東京では一五センチくらいをワカシ、四〇センチくらいをイナダ、六〇センチくらいをワラサ、一メートルくらいのものをブリと呼びます。関西ではそれぞれツバス、ハマチ、メジロ、ブリと呼ばれます。ワラサ以降が回遊します。

鰤も鰹や黒鮪と同様に、日本列島に沿って四〜五月に北上し、秋から冬にかけて南下します。一月から六月にかけては南日本以南、東シナ海で産卵するのです。冬は南下する鰤の脂が乗って「寒鰤《かんぶり》」としてもっとも好まれます。とくに富山湾、能登半島で水揚げされるものが珍重されています。

世界一豊富な種類の魚が集まってくる日本の海は、魚たちの天国である

鰹、鮪、鰤など外遊性の回遊魚に対して、日本には多くの沿海性、または浅海・内湾性の魚がいます。沿海性の魚の典型が真鯛《まだい》、浅海・内湾性の魚の典型が鱸《すずき》です。

鯛は鰹とともに日本では古くから食べられてきましたが、典型的な温帯の魚です。マダイ、キダイ、ヘダイなどが生息するのは北海道以南から九州までで、暑い沖縄には、あまりいません。鯛の卵が順調に発育する温度は一九〜二五度ですから、温帯にだけいる魚で、分布する南限は台湾付近です。

世界の三大漁場は、いずれも暖流と寒流がぶつかる場所で、潮目や潮境と呼ばれます。暖寒の流れに乗ってきた魚が集まるうえに、温度差によって深層海流が湧昇《ゆうしょう》（海

面まで上昇）して栄養分を運び上げるため、プランクトンが急繁殖して魚の餌となるからです。

こうした好漁場のなかでも日本の海は、黒潮の強い影響で水温が高く、鯛や鱸《すずき》など温帯の多くの魚が生息しています。鯵《あじ》や鯖《さば》も典型的な温帯の魚で、北海道以南の太平洋・日本海いずれにも分布しており、東シナ海にもいます。真鯖の適温は一二～二九度と鯛よりも適温の幅が広いので、生息地も鯛より広いのです。

寒流である親潮の影響で、鮭《さけ》、鱈《たら》、蟹《かに》などの寒海性の魚介が獲れることも、日本の魚の種類を豊富にしています。北海道といえばホッケも有名で、サハリンや千島列島付近から茨城県あたりまで分布しています。

温帯にあって、近海で暖流と寒流がぶつかる日本は、**世界でもっとも魚の種類が多い国であり、日本人は世界でもっとも多くの魚を食べる国民です**。安田喜憲が指摘するように日本の文明はまさに「稲作漁撈」文明なのです。

豊かな森林に降る雨が、急峻で短い日本の河川を清流にしている

日本の高い森林率と少なからぬ雨量は、国土に多くの豊かな河川をつくっています。日本の主な河川でいちばん長い川は信濃川で、利根川や石狩川が続いています。**山や森が多く海までの距離が短いため、日本の河川は世界の河川と比べてきわめて急峻です**。アマゾン川やミシシッピ川が広い平野を緩やかに流れているのとは対照的です。しかもナイル川やアマゾン川と比べて長さが非常に短く、もっとも長い信濃川ですらナイル川の六%弱しかありません。

日本の川が急峻で短いことは、清流が多いことを意味します。日本の水のきれいなことは海外で有名です。

日本が原産地である山葵《わさび》は、清流に自生するアブラナ科の多年草です。清流に生息する鮎《あゆ》も、中国や韓国に亜種が存在するものの、日本産のものとははっきり異なるとされます。山葵も鮎も日本の清流が生み出したもので、適当な英訳がありませんから、

海外でも「wasabi」「ayu」と日本名のまま呼ばれています。

日本料理に欠かせない美味しい水が、茶道や工芸品などの文化を育んだ

河川が短く急峻な地形を流れていき、しかも水源を欧米のように地下水に頼らないので、日本の水道水は「軟水」です。欧米は「硬水」のところが多く、家庭では軟水器で硬水を軟水にしてから使っているようです。

軟水は、カルシウムやマグネシウムなど金属イオンの含有量が少なく、飲むとまろやかな感じがします。対して硬水は、カルシウムやマグネシウムなど金属イオンが多く含まれ、口あたりが重くて癖の強い味がします。

一般的には、軟水のほうが硬水よりも料理に適しています。とくに日本料理は、長い間軟水でつくってきましたから、軟水とは相性がいいのでしょう。日本ではおいしい水のおかげで、水をふんだんに使って素材そのものの味を生かす料理が発達しました。

煮物、吸い物、さっとゆでた葉野菜などがそうですし、昆布だしや鰹だしも軟水な

らではです。ご飯を炊くときも水をたっぷり含ませて炊き上げます。**軟水は日本料理に欠かせない素材の一つだ**、ということができるのでしょう。

最近日本でもペットボトル入りのミネラルウォーターが普及しています。エビアンは硬水、ボルヴィックは欧米では珍しい軟水で、どちらもフランス産です。日本の老舗料理店がスペインの料理フェスティバルで日本料理をつくったときは、ボルヴィックを大量に持ち込んだそうです。

日本茶のおいしさも水に大きく左右されます。**日本で茶道が発達した一つの理由は、おいしい水だった**といえるのでしょう。ただし、イギリスの紅茶は硬水と相性がよいといわれています。

飲料や料理に適した**軟水は、洗濯、染め物、工業用としても、硬水よりはるかに適しています**。

軟水が石鹸を溶かす能力は、硬度六〇の軟水の場合、硬度一の硬水の二倍とされています。軟水は硬水に比べて石鹸の泡立ちがよく、体を洗うとき、ぬめりを感じます。ところが、硬水で石鹸を使うと、石鹸が水の硬度成分と結合するために、不溶性の金属石鹸（石鹸カス）を生じてしまい、石鹸の洗浄力が落ちてしまうのです。

粉石鹸五〇グラムを溶かしたときの水の硬度と石鹸カスの関係を見ると、硬度一〇〇では約六割が石鹸カスになります。硬度一五〇では一〇〇％近くが石鹸カスで、つまり、洗浄力がほぼゼロになってしまうのです。日本の水道水の硬度は平均五〇〜六〇で、石鹸カスはせいぜい三割ですから、充分洗濯ができるというわけです。

料理にしても洗濯にしても、軟水のメリットはたいへん著しいものです。日本の染め物は世界に冠たる工芸品の一つで、着物も手ぬぐいも鯉のぼりも外国人から賞賛されます。この**染め物文化の背景にも、雨と清流が生み出す軟水の存在がある**わけです。

そんな水の国・日本のありがたさを、私たちは必ずしも強く意識していません。森林率を七〇％近くに保ち、雨の恵みを少なからず受けている「森と水の国」日本のすばらしさには、もっと多くの日本人が気づくべきです。

私たち日本人は、この広い森や豊かな海を大切にして、豊かな自然を長く維持するための努力を続けていくべきなのでしょう。豊かな森や水が生み出す日本の特産品は、農産物も工芸品も世界に誇ることができるすばらしいものですから、もっと戦略的に生産し、世界に知らしめ、送り出していくべきなのです。

第3章

なぜ日本は、世界に例を見ない平和な国でいられたのか？

世界のなかで日本だけが長い「平和」を享受できた理由

第1章でも述べたように、明治維新までに日本が戦った対外戦争はわずか三回です。それも短期間で終わり、平安時代三九一年、江戸時代二六五年と、**内乱のない平和な時代が合計六五六年も続いた**のでした。

こんな国は世界のなかで日本だけです。世界の歴史や欧米の歴史は「戦争の歴史」だったとさえいえることは、すでに述べたとおりです。

では、なぜ日本だけが、かくも長きにわたって、平安を享受できたのでしょうか。

理由は多岐にわたるでしょうが、たとえば山折哲雄は、その著『日本文明とは何か』（角川書店）で、こう断言します。

「細部にわたる枝葉を切りはらっていえば、（日本が長い期間平安を享受できたのは）要するに政治と宗教の関係が均衡を保っていたからであった、（略）国家と宗教のシステムがうまくかみ合い、両者のあいだに深刻な敵対関係を生みださなかったからではないか（略）。宗教の側が政治の仕組みにたいしてあくことなき異議申し立てをしなかったということだ。そして国家もまた宗教の力を徹底的に殺《そ》ぐまでに、これをコントロールする企図をもつことがなかった。それが結果として政治の安定をもたらし、社会の秩序を保つことに役立ったのではないか」

まず、平安時代の「平和」について、山折のとらえ方を紹介しましょう。

「平安時代を見渡して驚かされるのは、（略）怨霊、物の怪《け》といったたぐいの言説が満天の星くずのように夜空を彩《いろど》っていたということだ」

「政治と社会にかかわる不穏な動きは、しばしばこれらの怨霊《おんりょう》や物《もの》の怪《け》の祟《たた》りによるとされたのである。この祟りイデオロギーが、病原体（怨霊、物の怪）の特定と、そこから発生する病理現象（祟り）の診断から成り立っていたことに注意しなければならない。こうして、その物の怪の勢力を鎮《しず》め、怨霊の立ち騒ぎを祀《まつ》りあげる装置が開発されることになる。たとえば各地における御霊社や鎮めの社の建立《こんりゅう》であり、その典型が菅原道真《すがわらのみちざね》の怨霊を祀りあげる北野天神の創始であった。いわゆる祟りと鎮魂のメカニズムがこのようにして成立することになったのである」

「政治」と「宗教」の絶妙なバランスによって、社会の混乱が鎮められていった

「この祀りあげの鎮魂システムが、国家にたいする反逆を芽のうちに摘みとってしまうという巧妙な政治的仕掛けとなっていく。（略）憎悪と暴力衝動の不断の蓄積を早い段階で阻止し、内乱の社会化（＝革命）をあらかじめ国家の内部に回収してしまおうとする、政治と宗教の複合運動であった」

「その複合運動によってかつぎあげられた神輿《みこし》が天皇だった」

「たとえば、平安時代における宮中の儀式をのぞいてみよう」

「この正月初めの七日間におこなわれる前七日《ぜんなぬか》の節会《せちえ》は神官だけが参加する神事であって、仏教僧は参加しなかった。そこからは仏教儀礼的な要素がいっさい排除されていたのである」

「ところがこれにたいし、後七日《ごしちにち》の御修法《みしほ》では、逆に神道的儀礼が排除されて、仏教僧だけが参加しておこなうものだった。内裏の中心部分に建てられた真言院《しんごん》で、天皇

のための加持祈禱《かじきとう》が密教僧たちによっておこなわれたのである」

引用が長くなりましたが、ようするに、**「政治と宗教の均衡関係」が象徴天皇と神《しん》仏習合《ぶつしゅうごう》（日本の土着神信仰と外来の仏教信仰が混じり合った宗教のあり方）の背景のもとに達成されていた**、ということなのです。

空海が、現代までつながる「日本の国のかたち」を築き上げた

右のように、**日本伝統の宗教である神道と中国から移入させた仏教を前七日、後七日のようなシステムで両立させたのは、平安時代初期の僧、空海（弘法大師）でした。**

「国家と宗教のシステムをうまくかみ合わせ」たのも、空海だったのです。

「師（＝玄関法師）の曰く、『（略）人王《にんおう》の法律と法帝《ほってい》の禁戒《ごんかい》と事異《じ》にして義融《ぎゆう》せり。法に任せて控馭《こうぎょ》（＝世を治める）すれば利益はなはだ多し。法を枉《ま》げて心に随えば、罪報きわめて重し。世人斯《こ》の義《ぎ》を知らず、王法を細《くわ》しくせず、仏法に訪《とむ》らわず、愛憎に随って浮沈し、貴賤に任せて軽重《けいじゅう》す。（略）慎まざるべからず。慎まざるべから

ず』と」（空海『秘蔵宝鑰《ひぞうほうやく》』八三〇年）

ここで空海は、君主の法律と仏法（ブッダの教えや仏教の戒律）は、対象は違ってはいても意味するところは同じなのだ、と主張しています。世人はその関係の根本を知らないから、愛憎に惑わされ自分の狭い量見で判断することしかできない、というのです。

空海は政治と宗教へのシステムをかみ合わせ、まさに国家中枢部に真言密教のくさびを打ち込もうとしました。そして仁明天皇の八三四年、空海は六二歳のとき、宮中に「真言院」を建立することに成功したのでした。こうして前七日、後七日の**「神仏習合」システムのもとで、天皇制が定着していった**のです。まさに王法と仏法の統合でした。

こうした政治と宗教の均衡のもとで、平安時代には長い「平和」が実現されていったのでした。空海は、まさに偉大な宗教家であったと同時に、たいへんな政治家でもあったのです。ある意味で、**日本の国のかたち、現在でも続いている日本の国の原型をつくったのが空海であった**、ということができるのでしょう。

「江戸二六〇年の平和」は、国民宗教の産物だった

江戸時代に二六〇年あまり続いた「平和」についても、山折哲雄は前掲書で、「国家と宗教の相性が良かった」ためだ、と説明します。

「この時代になってはじめて、仏教と神道が『国民』各層に浸透していった（略）。社会の秩序がそのネットワークによって保たれ、『国家』的統合の心理的な基盤づくりがそれによって進行していった」のだ、というのです。

「平安時代において神道は、さきにもふれたようにややもすれば祟り現象の発生源であったが、江戸時代になると地域社会を統合する信仰へと発展していった。鎮守の森を中心とするカミ信仰がひろがっていく」

「換言すれば、階層による信仰内容の分化という現象が、それほど進行していなかったということである。このことによる一種の連携、連帯の関係が全体として社会秩序の形成に役立っていたことは、とくに留意されるべきではないだろうか」

「仏教の方はどうだったのか。一般に、死者は仏式によって葬られ供養をうけるようになった。この死者追悼の方式が身分や地域の差をこえてほぼ全国的におこなわれるようになったのが、この江戸時代だった。家々と菩提寺《ぼだいじ》が寺檀関係を結んだということが大きい。(略)それが大名、武士、そして一般庶民にまで及んだのである。(略)タテの階層社会の各層に、ヨコの寺檀関係が普遍的にゆきわたっていたということだ。それが、いわば『国民宗教』的な基盤づくりの一翼を担っていたのである」

「また、この階層社会では**独特の職分意識が人びとの心に植えこまれていった**。武士には武士の職分、農民には農民、町人には町人の職分というものがあった。職分とも自覚と誇りにもとづく職業意識といってよい。それは、大名も天皇の場合も例外ではなかった。そういう点では、この職分意識も階層をこえて当時の人びとにほぼ平等に抱かれていたものであった。(略)

それが、さきにものべた『国民宗教』的な信仰基盤を形づくっていたのである」

「以上が、日本の社会をつらぬいて生きつづけてきた『神仏共存』の姿であった。日本の歴史の深層に流れつづけてきた『神仏棲み分け』の地下水脈であった。(略)平安時代の三五〇年、江戸時代の二五〇年の『平和』の意味、すなわち『パクス・ヤポニカ』の来歴」はまさにここにあるのだと、山折は論じています。

「千年の平和」から「戦争」に転換した分岐点はいつか？

この「神仏共存」のシステムは、明治新政府による「神仏分離」と「政教分離」という二つの政治改革によって「息の根をとめ」られた、と山折哲雄は述べています。千年の伝統をもつ社会の仕組みがそれによって打ち砕かれ、否定されることになった、つまり**「千年の平和」の伝統は、明治維新による「近代の戦争」で置き換えられる**ことになった、というのです。

千数百年のうち対外戦争をわずか三回、しかもきわめて短期しか戦わなかった日本は、明治維新から八〇年あまりのうちに、四つの大戦争を経験しました。①日清戦争（一八九四〜一八九五年）、②日露戦争（一九〇四〜一九〇五年）、③第一次世界大戦（一九一四〜一九一八年）、④第二次世界大戦（一九三九〜一九四五年）です。第二次世界大戦には、太平洋戦争以前の日中戦争を含めてもかまわないでしょう。最初の三つは日本の連戦連勝でした。しかし、**最終的に四つ目の大戦争で、日本は歴史始まって以来、初めての手痛い大敗北を経験する**ことになりました。

六六三年の白村江の戦いで百済を助けた日本は、たしかに唐・新羅連合軍に敗れましたが、これは朝鮮における戦争です。朝鮮での権益は失ったものの、敗戦というより撤退に近い戦いだったといえるのでしょう。秀吉による朝鮮出兵も同様に負けて帰ってきただけで、日本国が本格的に負けたのは、一九四五年八月一五日が歴史上初めてでした。

明治から昭和にかけての世界は帝国主義の時代で、アジアの国ぐには日本を除き次つぎと欧米の植民地にされていきました。タイは形式的には独立を維持していましたが、事実上イギリスの支配下にありました。

植民地化を避けるため日本が富国強兵策を推進し、平和から戦争へとギアを入れ替えたのは、致し方なかったというか、むしろ、当然の政策変更だったといえるのでしょう。その結果、日本は台湾、朝鮮半島、満州を植民地化して帝国主義の欧米列強の仲間入りを果たしました。平和から戦争へのギア・チェンジは同時に、廃仏毀釈《はいぶつきしゃく》や神道の国教化をもたらし、天皇は権威の象徴というかつての地位から、一気に「神」

としてのステータスを与えられることになったわけです。

明治から第二次世界大戦敗戦までが、日本史上「異常」な時代だった

明治維新は、近代化・産業化を進めるための「改革」で、それによって日本の近代化や国際社会へのデビューが果たされたのだ、という考え方が一般的でしょう。

しかし、少なくとも国家と宗教という観点から見れば、それは日本の伝統を否定し、山折のいう「国家と宗教の相性の良さ」を否定するものだったのです。

象徴天皇制も一般的には、戦後の新憲法によって定められたものと考えられています。しかし、明治維新以前の天皇も、ある意味で非常に象徴的な存在でした。つまり**天皇は権威の象徴であって、政治的・世俗的な権力が次々と変わっていくなかでも、権威の象徴として連綿と続いてきていた**のです。

このように考えていくと、明治維新から第二次世界大戦の敗戦までは、むしろ日本の歴史上で「異常」な時代であり、**戦後と明治維新以前の日本は、多くの共通項を持**

っていたということができるのではないでしょうか。どちらも基本的には「平和」な時代で、宗教と政治がほどよいバランスを保つなかで天皇が権威の象徴として機能している時代だ、ということができるのでしょう。

つまり、明治以前の長い歴史と戦後六〇年あまりの歴史こそが、山折哲雄のいう「パクス・ヤポニカ」（日本の平和）時代であり、明治維新から敗戦までの八〇年ほどが「戦争の時代」だったのです。

もちろん明治維新以前の日本にも、源平合戦の時代や戦国時代など内乱の時代がありました。しかし、それは長い平和な時代の切れ目切れ目に登場する、いわば「間奏曲」のような時代だったのではないでしょうか。

きわめて安定的な分権システムの存在が、都市から農村までを治めていった

日本の長い「平和」の背景にあったのは、**きわめて安定的な分権システム**です。権威としての天皇とそのときどきの権力システムの絶妙なバランスに加えて、日本

の支配構造そのもののなかに広く分権的な要素が含まれており、これがシステムの安定につながっていたといえるようです。

徳川日本の社会構造について、中根千枝は『江戸時代と近代化』（筑摩書房）のなかで次のように述べています。

「他の社会においてエリートというのは権力と富の両方を合わせ持っております。ところが江戸時代の武士たちは禄で生活し、自らの経済基盤としての土地を持っていませんでした。（略）制度的なエリートであって、経済的な実力を伴わない特殊なケースのエリートなのです。このように徳川日本の上層を占めたのは、政治的に作られた武士階層で、このことが全体社会の構造に重要な意味をもっていたと思うのです。一方、江戸時代を通して豪農や大商人は出たのですけれども、武士の階層と同じような分布の仕方で全国に層を成して存在していなかったのです」

「もう一つきわだった特色は、村の孤立性です。（中略）村落はどの社会にもありますが、村落の自立性が日本ほど全国的に高いところはちょっと見られません」

こうした**「自立した村落共同体」をマネージメントしたのが村方三役**でした。名主（庄屋・肝煎《きもいり》）、組頭（年寄）、百姓代の三者で、名主が村政全体を代表し、組頭がその補佐役を務め、百姓代は農民（本百姓）の代表です。

ここで注目しなくてはならないのは、**江戸時代の武士は、村のマネージメントに直接は関与せず、村行政を村方に任せていた**ことです。

都市についても同じように、**都市行政はいわゆる町方に任されていました**。たとえば京都の人口は三五万人ほどでしたが、奉行所の役人は三五〇人前後で、江戸の奉行所もせいぜいその二〜三倍です。つまり江戸期の都市行政は、基本的には同心、岡っ引といった町方に任されていました。

村方三役のうち名主と組頭はだいたい世襲でしたが、百姓代は任命制で、なかには任期を数年と決めていた村落もあったようです。本百姓の代表ですから、とくに百姓代の役割が重要だったのです。

私の手元には、上野国《こうずけのくに》、吾妻《あがつま》地方・羽根尾村の村役人の構成と名主の一覧がありますが、名主は毎年のように替わっていたようで、同じ人が何度もなる場合もありますが、連続してもせいぜい四年まで。ただし、名主になる人は限られていました。名主は屋敷の建て方も豪華で、長屋門、玄関などをつくることが許されていました。

村方三役などによる農村の自治が確立されたのは、豊臣秀吉が進めた兵農分離で武士たちが城下町に集められてからのことですが、農村の相対的な独立性という点では、おそらくもっと早くから確立されていたのではないでしょうか。

日本全国に共通して持っていた家族制度の構造とは?

日本の明治以降の家族制度は、江戸時代に確立されたといわれています。

これも、それ以前にあった家族の形態が江戸時代の政治・経済体制によって家族制度に発展していったようで、連続性があります。中根千枝はこの点を、前掲書で次のように述べています。

「日本の家族制度が全国津々浦々同じ構造を持っていることがあります。それは江戸時代が全国をカバーしたという意味でも、江戸時代の政治と関連して考えられると思います。あらゆる生活条件、例えば武士の家であろうと、農民の家であろうと、またセンターに住んでいようが、辺境に住んでいようが、一つの共通した家族構造というものを日本の家族は持っています」

「将軍家の構造について（略）長男を残して後を切っていく長男制を確立させることで徳川体制ができたということがありました（略）。古代における天皇制も同じで、非常に初期には兄弟相続もありますが、その中から結局万世一系の制度ができてくるというのは、やはり次の世代は必ず決まった者一人だけが継ぐという形です」

「庶民の家でも、かりに長男が亡くなって弟が継ぐというときには、その弟を一回長男の養子にしたりします。そういうことは他の社会でしたら何の必要もないのですが、日本の制度はどうしてもタテにつながっていかなければいけないことになっているのです。（略）継承権は必ずしも血がつながっていなくてもいい。それほどタテの線だけを重要視していく」

長い平和を裏から支えたのは、「村落共同体」と「一夫一婦制」のシステムである

「もう一つ歴史家のあいだで江戸時代の家族の特色としてよくいわれるのは単婚（一夫一婦制）の家族の出現ということです。（略）しかし家族形態としてはそういうの

は当然前から存在したのではないかと私は思うのです。というのは、人類学的に見てもいわゆる両親と子供という、基本家族の形態は社会が未開であると文明であるとを問わず最も普遍的な家族の存在形態です。経済のいかんを問わずたいていそうなのです。そしてこれにバリエーションが起こるのはむしろある程度経済が豊かになり、富が上層に集中するときにおこります。そうすると下層のほうで独身者が増えてくる」

「ですから江戸時代に単婚家族ができてきたというときは、家族形態としてよりも、むしろそういう基本家族の家というものが、経済的に基盤のある農民として存在するようになったと言ったほうが正確ではないかと思います。（略）江戸時代以来のいろいろな資料を見ますと、必ずさっき言ったような一夫婦だけで家をつくっている構造があります。こういう家族の構造は江戸時代にできたというよりも、もっと早く日本人の文化の中にビルトインされていたのでしょう」

　引用が長くなりましたが、基本的に**日本の長い平和を裏から支えたのは、自立した「村落共同体」であり、単婚を基本とした「家族制度」だった**といえるでしょう。どちらも江戸時代に一つの完成型ができるのですが、中根はこうした「文化」は江戸時代前から日本社会にビルトインされていた、と論じています。

日本の歴史を鳥瞰《ちょうかん》してみると、**江戸時代というのは、日本が長い間強い影響下にあった中国文明から離れて独自の日本文明を確立していった時代だ**、といえるのでしょう。

自立した村落共同体と日本型の家族制度が、それを背景から支えた重要な要素だったということなのです。もちろん、その原型は中根のいうように早くから日本社会の構造に組み込まれていたものですが、はっきりとした型で完成されたのが江戸時代だったのです。

もしも一八五〇年に金持ちとして住むならイギリス、庶民として住むなら日本がいい

かつての「百姓一揆」史観、たとえば白土《しら と》三平の漫画『カムイ伝』、あるいはテレビや映画の時代劇などの影響でしょうか。専門家でない多くの人びとは、少なくともごく最近までは、江戸時代の農村は貧しく、領主や代官などの苛酷な支配下にあったという印象を持ったはずです。

ところが、歴史的な事実は、まったく逆の状況が存在したことを示しているようです。実は**江戸時代の農村や村落は、飢饉や地震などの天災に見舞われた時期はともかく、たいへん豊かで、しかも高度の自治を享受していた**のです。

前に紹介したように、伊豆の下田にアメリカ領事館を開いたタウンゼント・ハリスは、「日本には悲惨な貧は存在せず、民衆は幸せで満足そうだ」と語っています。彼は、日本人の生活は上は将軍から下は庶民まで質素でシンプルで「富者も貧者もない」と見たのでした。

つまり、江戸時代の日本は、庶民が豊かだったばかりではなく、富が権力者に集中せず、経済や日常生活という点ではかなり平等な社会だった、ということです。

『江戸時代の遺産――庶民の生活文化』を著したアメリカの歴史家スーザン・B・ハンレーは、

「一八五〇年の時点で住む場所を選ばなくてはならないとすれば、私が裕福であるならイギリスに、労働者階級であれば日本に住みたいと思う」

と述べています。「労働者階級」といわれると、もう一つピンときませんが、ようするに庶民です。まさに**江戸時代は庶民の時代で、歌舞伎、相撲、浮世絵、浮世草紙**

などの庶民文化が花開いた時代だったのです。

江戸初期の「勤勉革命」以降、農業の形は一九五〇年まで変わらなかった

江戸時代初期、日本は「勤勉革命」と呼ばれる農業への労働力の集中的投入によって、農業の生産性を大きく向上させました。勤勉革命は「Industrious Revolution」で、産業革命「Industrial Revolution」をなぞった言葉です。

農業生産性の向上の結果、日本の人口は一六〇〇年前後の一〇〇〇万人から一七〇〇年前半には三〇〇〇万人まで増加しました。

図11は一六〇〇年前後から一八〇〇年中頃までの農業生産性を示します。人口あたりの実収石高は一七五〇年前後から一〇〇年間に四〇%近くも増大しています。こうした**生産性の急上昇を背景に、庶民生活の質も大きく向上していった**のです。

「こうして、耕地が増え、人口が増え、しかも農耕の場所がそれまでより、はるかに地味豊かな生産力の豊かなところへ拡大しましたので、そこに住む人びとの生活水準

長き平和の大きな背景となった「農業の形」

【図11】江戸時代の農業生産性の向上

人口あたりの実収石高は1750年前後から100年間に40%近くも増大。

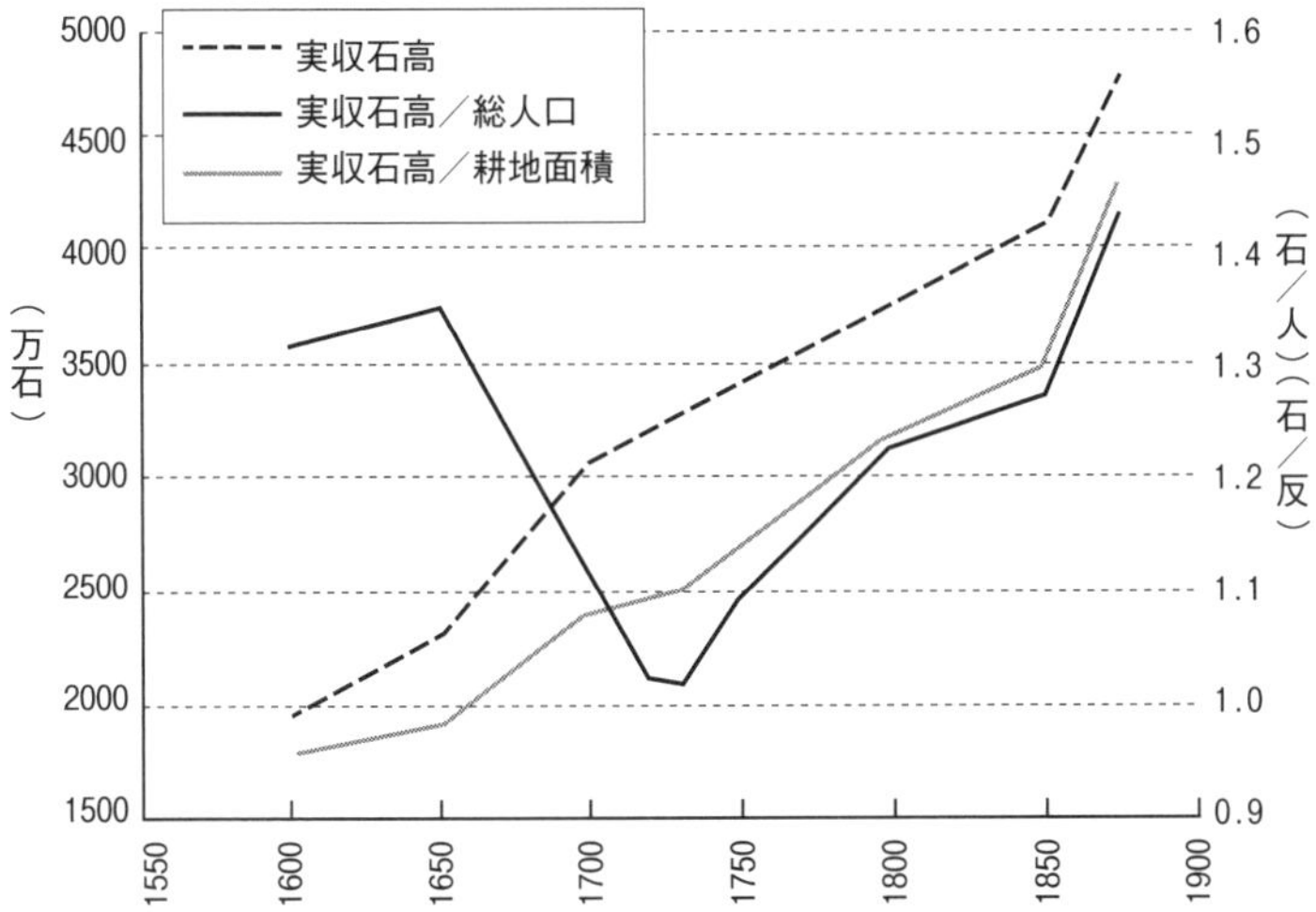

出典：農林水産省構造改善局農政課ほかより編集部作成

生産性の急上昇 ➡ 庶民生活の質も大きく向上

1700年初めから1950年まで、就業人口など農業の形は大きく変わっていない ➡ 長く続いた日本の平和の大きな背景にも、急速な向上を見せています。そして、少なくとも二三〇年の間内乱や対外戦争を経験しませんでしたから、これは世界史でも非常に特異な時代です」（『江戸時代と近代化』）

一七〇〇年初め以降、日本の人口はほぼ三〇〇〇万人のまま推移し、明治維新を迎えていきます。明治維新以降、総人口は急速に増加していきますが、農業就業人口は明治から一九五〇年前後まで、一五〇〇万人前後でほとんど変わっていません。

勤勉革命以降の江戸時代も、総人口三〇〇〇万人のうちほぼ半分は農業に従事していたと考えられます。つまり、**一七〇〇年初めから一九五〇年くらいまで、就業人口をはじめとする日本の農業の形はそう大きく変わっていない**、ということができるでしょう。これも長く続いた日本の平和の大きな背景の一つです。

スーザン・ハンレーは、農業生産性の向上に支えられた江戸時代の生活を高く評価して「そこには、資源を有効に利用し、人びとに質素ではあるが健康的なライフスタイルをもたらし、簡素さのなかに豊かな喜びを見出す文化を創り出した社会があったのである」と述べています。

第4章

なぜ日本は、宗教が戦争にならなかったのか？

仏教伝来後間もなく、天皇の仏教帰依をめぐる激しい政争があった

第3章では「日本の平和」の背景に神仏習合《しゅうごう》があり、「国家と宗教の相性」がよかったことが長い平和をもたらしたのだ、という山折哲雄の主張を紹介しました。神道と仏教の共存に力を尽くしたのが空海だったことも指摘しました。

空海が活躍したのは平安時代（七九四〜一一八五年）の前期ですが、王法と仏法の両立のためには長い過程が必要でした。

古墳時代（二五〇年頃から五〇〇年末頃）から飛鳥《あすか》時代（五九二〜七一〇年）にかけての過渡期には、**天皇の仏教帰依について激しい政争が繰り広げられた**のです。

仏教が日本に伝来したのは五二〇年前後（司馬達等《しばのたちと》が飛鳥に仏像を安置したのが五二二年）。五三〇年前後には、すでに崇仏派と廃仏派の激しい争いが始まっています。前者を代表するのが蘇我氏、後者を代表するのが物部《もののべ》氏でした。

とくに敏達《びだつ》天皇の即位にともなって大連《おおむらじ》（有力豪族）に任じられた物部守屋《もののべのもりや》は、

強硬な廃仏派で、敏達天皇とその異母弟である穴穂部皇子《あなほべのみこ》と組んで権力を振るいました。敏達天皇が崩御すると、蘇我馬子《そがのうまこ》が推す用明《ようめい》天皇が即位。物部守屋は穴穂部皇子を推してこれに対抗します。

五八七年に用明天皇が崩御すると、物部守屋は穴穂部皇子を皇位につけようと画策して蘇我馬子と対立。穴穂部皇子は蘇我馬子に誅殺《ちゅうさつ》されます。物部氏と蘇我氏は戦闘状態に入り、物部守屋は蘇我馬子に敗れ、物部氏は滅亡しました。これが丁未《ていび》の乱です。

このとき、蘇我氏の血を引く一四歳の厩戸皇子《うまやどのおうじ》（後の聖徳太子）も、蘇我氏について戦いました。五九二年、やはり蘇我氏の血を引く推古天皇が即位すると、推古天皇、聖徳太子、蘇我馬子という蘇我一族による権力集中の政治体制が確立したのです。

奈良時代には国が保護するほど、仏教が大きく発展できたのは、なぜか？

六〇四年には仏教をベースとする十七条の憲法が聖徳太子によってつくられ、六〇七年には法隆寺が建立されています。この年には小野妹子《おののいもこ》が第一回遣隋使として随に派遣、六三〇年には犬上御田鍬《いぬがみのみたすき》らが遣唐使として唐に派遣され、仏教を中心とした中国文明の全面的な移入が始まったのです。

蘇我氏は馬子、蝦夷《えみし》、入鹿《いるか》と、蘇我稲目《そがのいなめ》以来四代にわたって権勢を振るいますが、大化の改新（六四五年）によって排除され、中大兄皇子《なかのおおえのおうじ》と中臣《なかとみの》（藤原）鎌足《かまたり》が権力を掌握します。その後壬申《じんしん》の乱《らん》（六七二年）をへて、天武《てんむ》天皇、持統《じとう》天皇、文武《もんむ》天皇の時代に入っていきます。

こうして、唐の律令制度を基本に大宝律令（七〇一年）が制定され、天皇を頂点とした貴族、官僚による中央集権体制が完成されていったのです。

大化の改新から次第に力をつけてきた藤原（中臣）氏の権勢は、藤原不比等《ふじわらのふひと》のときピークに達します。七一〇年の平城京への遷都も不比等が重要な役割を果たし、中国の長安をモデルにした都を建設したのです。

奈良時代には、仏教は鎮護思想とあいまって国家の保護下に置かれ、ますます発展していきます。とくに聖武天皇は七四一年、全国に詔《しょう》して国分僧寺《こくぶんそうじ》や国分尼寺《こくぶんにじ》を各地に建てさせ、さらに東大寺を建立《こんりゅう》。七五二年には東大寺で大仏の開眼供養《かいげんくよう》がおこなわれました。この供養にはインド僧の菩提僊那《ぼだいせんな》が導師となり、ベトナム僧がアシスタントを務めました。

最澄が比叡山寺（初めは小さな草庵を山中に建立したことから出発したといわれる）を建立したのは奈良時代も末の七八七年、最澄や空海が入唐したのは平安時代の八〇四年で、最澄が天台宗を開いたのは八〇六年でした。

当時、多くの僧侶たちは南都七大寺（大安寺、薬師寺、元興寺、興福寺、東大寺、西大寺、法隆寺）などの寺で仏典を研究し、南都六宗（三論《さんろん》宗、成実《じょうじつ》宗、法相《ほっそう》宗、倶舎《くしゃ》宗、華厳《けごん》宗、律《りつ》宗）という学派が形成されました。大規模な写経もおこなわれ、とくに光明皇后が発願《ほつがん》した一切経の写経は、大仏建立などと並ぶ一大事業でした。

玄昉や道鏡ら、政権中枢で権勢を振るった仏教僧の失敗とは？

この時期は、前述した菩提僊那のほか、唐から鑑真和上《がんじんわじょう》などが来日して仏教の布教に努めたのでした。遣唐使に従って留学した道慈《どうじ》（三論宗）、玄昉《げんぼう》（法相宗）ら学問僧たちの努力によるところも少なくありません。

とくに玄昉は聖武天皇の信頼も厚く、吉備真備《きびのまきび》とともに橘《たちばなの》諸兄《もろえ》政権の担い手として権力を振るいました。ただ藤原《ふじわらの》仲麻呂《なかまろ》が橘諸兄に代わって権力を持つようになると、筑紫観世音寺に左遷され（七四五年）、翌年に没しています。

藤原仲麻呂の時代、玄昉に代わって権力を握ったのは、同じ法相宗の僧だった道鏡でした。道鏡は病を患った孝謙天皇（女性天皇で、いったん退位し、称徳天皇として再び即位）の傍《かたわ》らに侍し看病して以来、天皇から寵《ちょう》を受けることになったのです。

藤原仲麻呂の乱で仲麻呂がクーデターに失敗し殺されると、道鏡は権力を独占し、太政大臣禅師、法王として君臨したのでした。称徳天皇に寵愛された道鏡は、一時天皇の地位につくことさえ考えていたようです。しかし、称徳天皇が七七〇年に病死すると道鏡は左遷され、赴任地の下野国《しもつけのくに》で病死しています。

道鏡については、天皇との姦通説や巨根説などが後に流布されていますが、いずれも一次資料では確認されていません。

いずれにせよ、**玄昉や道鏡といった僧たちが権力の中枢にあって力を振るったことは、当時、いかに仏教僧の立場が強かったかを示しています。**山折哲雄のいう「政治と宗教の関係の均衡」の裏側が、玄昉や道鏡をめぐる出来事だった、ということもできるのでしょう。

つまり、**当時の政治は、宗教を抜きにしては成立しなかった**わけです。玄昉や道鏡の場合、その均衡を破って権力を持ち過ぎたことが、最終的な失脚につながったということなのでしょう。

平安時代に入って空海が、政治と宗教の均衡を保つべく、王法と仏法の意味するところは結局は通じていると述べたのも、こうした奈良時代の僧たちの失敗の裏返しだったのでしょう。

神仏習合のバランスの上に、象徴天皇制を乗せた「平和」のメカニズムが完成した

空海が玄昉や道鏡についてどれだけ知っていたか、また、その過ちを正そうとしたのかどうかは定かではありません。いずれにせよ、飛鳥時代の崇仏と廃仏の争いから、奈良時代の僧たちの失敗をへて、平安時代の空海による神仏習合、あるいは王法と仏

法の均衡にいたったプロセスは、きわめて興味深いものです。

この点について、山折哲雄は次のように述べます。

「空海の強固な意志は、はじめからあることを目指していたのだと思う。（略）国家の中枢部に真言密教のくさびを打ちこむという事業であった。しかし、短兵急《たんぺいきゅう》にことを運ぶとき、この事業がただちに暗礁《あんしょう》にのりあげることは目にみえていた。それというのも空海がやろうとしていたことは、かつて道鏡が実現しようとした構想と本質的に異なるものではなかったからである。すなわち、密教による国家の略奪――、それはもちろんうかつに外部に漏洩《ろうえい》すべき事柄ではなかった」（『日本文明の創造　みやびの深層』角川書店）

そんな**空海が最終的に行き着いたのが神仏習合システムで、「前七日の節会」と「後七日の御修法」という二重システムでした。**

前七日の節会は、神官だけが参加して、仏教的な儀礼は一切排除。後七日の御修法は、仏教僧だけが参加して神道的な儀礼は一切排除。両者は、山折の指摘するように**「神事と仏事の棲み分けの体制」であり、平安時代全体に通じる「柔構造」だった**のです。

この**七日間の神事と七日間の仏事を仕切るのが、宮中の主たる天皇**でした。**神仏習合のもとでの象徴天皇制のシステムは、まさにこの時つくられたのだ**、といってよいのでしょう。こうして、日本古来の宗教である神道と、唐から移入された新宗教である仏教が、対立することなく国家の中枢に組み込まれていったのです。

この神仏習合、あるいはそのバランスの上に乗った象徴天皇のシステムは、ヨーロッパの旧教（カトリック）と新教（プロテスタント）の対立、あるいは現代にいたるまで数限りない戦争と紛争を生んできた地中海や中東をめぐるイスラム教とキリスト教の対立などと比べると、まことに**見事な「平和」のメカニズム**でした。

もちろん空海一人がこうしたシステムをつくったわけではなく、**背景には日本人全体の自然観、宗教観がありました**。そして、まさに「平安」が長く続いた平安時代に、こうしたシステムがつくられていったのでした。

この長い平和の果実は、多くの日本人が気づいている以上に、大きなものだったのではないでしょうか。山折哲雄のいう「パックス・ヤポニカ」の屋台骨が、まさにこの時代、空海などによってつくられていったのです。

山岳信仰や自然への尊崇の念が、密教発展の背景にあった

日本の国土の七割近くが森であることはすでに述べましたが、**日本の森や山は古くから「山岳信仰」の対象になっていました。**

いわば一種の自然信仰で、日本の古神道においても、山や森を抱く山は神奈備《かんなび》という神が鎮座する山とされ、神や御霊が宿る、あるいは降臨する場所と信じられていました。

死者の魂（祖霊）が山に帰る「山上他界」という考え方もありました。山伏が山に籠もって厳しい修行をする修験道は、ただ急峻な山岳地帯でハードな修行をするだけでなく、他界（死の世界）で修行して現世に帰ってくるという意味があるのです。

山は水源ですから、農村では春になると山の神が里に降りて田の神になり、秋の収穫を終えると山に帰る、という信仰もあったようです。

こうした日本古来の山岳信仰は、移入された仏教にも大きな影響を与え、最澄は比

叡山に延暦寺《えんりやくじ》を（天台宗総本山）、空海は高野山に金剛峯寺《こんごうぶじ》（真言宗総本山）を、それぞれ置き、拠点としています。

最澄や空海が唐で学んで日本に伝えたのは、いわゆる密教でした。

密教は顕教（教えが公開された一般の仏教）が民衆に向かって広く教義を言葉や文字で説くのに対して、神秘的・象徴主義的な教義を持ち、教団内部の「師資相承《ししそうしょう》」（師から弟子へ学問や技芸などを引き継ぐこと）によって保持するものとされています。インド仏教がヒンドゥー教によって次第に衰退していく過程で、顕教の密教化が進んでいき、仏教寺院も都市から山岳地帯に徐々に移っていったのでした。

最澄や空海が入唐したときは、中国でも密教が確立し、受容されていた時代でした。唐朝の衰退とともに密教は勢いを弱め、次第に道教などと混淆《こんこう》しながら民間信仰化していったのですが、日本に移入された密教、天台宗と真言宗は日本仏教の主要な宗派になっていったのです。

日本古来の山岳信仰や森や山に対する日本人の尊崇《そんすう》の念と、密教との相性がよかったことが、インドや中国でほぼ消滅してしまった密教が日本で生き残る大きな要因の一つになった、と思われます。いわゆる**自然信仰は、豊かな自然を持つ国ぐにで維持**

されてきた、ともいうことができるでしょう。温暖な気候のなかで豊かな森と水を持つ日本人が、自然に感謝しそれを尊崇するのは、ごく当然なことだともいえるのです。**自然信仰は、多神教的な宗教観を人びとに植えつける**ようです。太陽、月、山、海、自然のそれぞれが信仰の対象になり、神話のベースになり、多くの神々を誕生させます。温暖な地中海沿岸で栄えたギリシャ文明の背後にはギリシャ神話がありましたし、古代エジプトも多神教の国でした。日本の神道、そしてそれと共存する仏教も、実は多神教的な性格をかなり持っているということができるのではないでしょうか。

災害によって育まれた「自然を畏怖する」日本人の自然観

日本人が持つ自然観の特徴の一つは、**自然を愛するだけではなく、自然を畏怖する感情が強い**ことです。これは、断続的に起こる地震・津波・台風といった自然災害によるところが少なくないのでしょう。

二〇一一年三月一一日（3・11）の東日本大震災（東北地方太平洋沖地震）が記憶

に新しいところですが、一九二三年の関東大震災から一世紀もたたないうちに、一九九五年の阪神・淡路大震災（兵庫県南部地震）や二〇〇四年の新潟県中越地震などが起こっています。こうした巨大な天災が日本人の自然観に少なからぬ影響を与えていることは、間違いないでしょう。

物理学者で多くの随筆を残した寺田寅彦は「天災と国防」（『経済往来』一九三四年一一月）にこう書いています。

「文明が進むほど天災による損害も累進する傾向があるという事実を充分に自覚して、そして平生からそれに対する防御策を講じなければならないはずであるのに、それがいっこうにできていないのはどういうわけであるか。そのおもなる原因は、畢竟《ひっきょう》そういう天災がきわめてまれにしか起こらないで、ちょうど人間が前車の顚覆《てんぷく》を忘れたころにそろそろ後車を引き出すようになるからであろう」

この一節が、「天災は忘れた頃にやってくる」という言葉のもとになった、とされています。地震だけではありません。台風や豪雪もしばしば日本列島を襲います。

日本には美しい自然がありますが、それはとても脆弱な基盤に立っています。日本はまさに「フラジャイル・カントリー」（もろく壊れやすい国）なのです。

インドと日本の無常観には、根本的な違いがある

「これは宿命としての、あるいは宿世《すくせ》としての不安定というもので、だからこそたえず安定のために何度も立ち向かうわけですが、阪神大震災がそうであったように、それでも一挙に災害はやってくる。しかもそれは繰り返しやってくるのです」

「そうすると、そこには二つの工夫が生まれます。

ひとつは万やむをえず諦めるという観念を維持しようという立場です。これは有為《うい》転変《てんぺん》を見つめる無常観というものになります。『有為の奥山今日越えて、浅き夢見じ酔ひもせず』の立場です。

もうひとつは講や座や組や連《れん》などといった、小さなネットワークで経済や文化を組み立てるという工夫です。小さめのモジュールを超部分とし、その組み合わせで切り抜けていく。これは巨大コンクリート建築ではなくて、木組みのもつ世界観です。

いずれも不安定を宿命と見ているところは同じです」（松岡正剛『日本流』）

松岡正剛のいう**「不安定な宿命」をベースにした無常観は、日本文明の基底にある思想だ**、といってよいのかもしれません。

無常観といえば宗教的なベースは仏教ですが、仏教発祥の地インドの無常観と日本のそれは質的に異なる、と『日本文明とは何か』（角川書店）で指摘するのが山折哲雄です。

「ブッダの説いた無常は客観的な認識にもとづく乾いた無常であったが、わが国に発酵した無常はそれとは明らかに質を異にするものだったからだ。さきにふれた『平家物語』の冒頭に出てくる『祇園精舎《ぎおんしょうじゃ》の鐘の声、諸行無常の響きあり』を口ずさむだけでよい。そこに流れている旋律は、悲哀の情感にひたされた湿った無常である。現実の事象を客観的に把握する原始仏教の哲学的認識と、滅びゆく者の運命に無限の同情の涙を流す情緒的な認識の違いである」

「だがそれに対して、たとえばつぎのような道元の一首はどうか」

「春は花　夏ほととぎす　秋は月　冬雪さえて　冷《すず》しかりけり」

「滲《にじ》み出ている無常感覚は、どうだろう。そこには、生きていても死んだのちにも、自然そのものの懐《ふところ》に復帰していこうとする静寂、清澄の無常の調べが脈打っているではないか。明るい無常感である。さきに、無常セオリーとはいっても、それはけっして一様なものではないだろうといったゆえんである」

日本の無常観は、インドの「乾いた」それとは異なって「湿った」ものであり、ときとして「明るい」ものですらある、というのです。これは、ある意味で日本人の自然観の表明でもあります。ようするに、人間もまた自然の一部であり、いずれ自然に帰っていくのだという考え方です。

「自然こそが神だ」という多神教的な考え方に、今こそ回帰しなくてはならない

第2章でも触れましたが、梅原猛はこうした日本人の多神教的なものの考え方を、一神教と比較して次のように述べています。

先に引用した、一神教は結局、農耕牧畜文明から発した世界開発のための宗教であって、人間による自然征服を神の名で合理化したのだ、という一節の続きです。

「私は、思想的に人類はもう一度旧石器時代の狩猟採集時代の思想に帰らねばならな

いと思っている。そこでは、人間ははっきり自然の中に取り込まれていたのである。人間に恩恵を与える、或いは人間に富をなす、力の強いものはすべてそこでは神として尊敬されていたのである（略）。もう人間の自然征服の時代は終わったのである。これ以上『開発』という名の人間の自然征服を続けていたならば、人間は自己が生きていく場所を喪失《そうしつ》してしまうのである。もう一度人間は、自然を神とした、かつての時代に回帰しなくてはならない」（梅原猛『饗宴』）

梅原のこの主張は、まさに多くの日本人の伝統的自然観を代表するものです。つまり、**人間は自然の一部であって、自然の上に立つ存在ではなく、死とともにまた自然に戻っていくのだ**、という考え方です。

不安定さを抱えながらも、豊かな自然に恵まれた日本人にとっては、自然の一草一木が神であり、人間はそれに抱かれた存在であり、自然の一部であるということなのです。

太陽、月、風、海などなど、自然のそれぞれが神であり、そうした自然観が多神教的な宗教観にもつながっているといえるのでしょう。

日本を長い鎖国体制に踏み切らせたのは、キリスト教が原因だった

日本にキリスト教を伝えたのは、一五四九年（「以後よく来日宣教師」と覚えます）に来日したイエズス会の宣教師フランシスコ・ザビエルとされています。

はるか昔の五世紀末頃、中国で「景教」と呼ばれたネストリウス派キリスト教が秦河勝《はたのかわかつ》などによって日本に伝えられた、とする説もありますが、文書による記録がなくはっきりしません。

一五七三年、一五代将軍足利義昭を京都から追放して室町幕府を事実上滅亡させ、強力な畿内政権を築いた織田信長は、**キリスト教を庇護して南蛮貿易の利益を優先させました**。しかし、信長の後を継いだ豊臣秀吉は、一五九六年の**サン＝フェリペ号事件をきっかけにキリスト教を本格的に禁止します**。

スペイン船のサン＝フェリペ号が土佐に漂着したとき、秀吉は、これを海賊視し、侵略のため測量に来たと難癖をつけて、積荷や船員の所持品を没収。さらに、船長ら

が秀吉側との交渉を頼もうとした司祭や信徒二六人を、長崎で処刑してしまいました。

秀吉の死後、天下分け目の関ヶ原の戦いを制して幕府を開いた徳川家康は、当初はキリスト教の布教を黙認。その後、イエズス会のフランシスコ・パジオを引見し、正式に布教の許可を与えています。家康は、オランダ船リーフデ号の漂着で日本に来たイギリス人航海士ウイリアム・アダムスを仕官させ、ヨーロッパ情勢を理解し、貿易の利益を得ようと努めたのでした。

しかし、一六〇九年から一六一二年にかけて起こった「岡本大八事件」という疑獄事件（キリシタン与力の岡本大八が、ポルトガル船を爆沈させたキリシタン大名の有馬晴信から、恩賞斡旋《あっせん》にかこつけて多額の金品を詐取した事件）で、晴信の責任を問われたことなどもあって、家康は一六一二年にキリスト教禁止令を出しています。

この禁止令が徹底されたのは一六三七年の「島原の乱」以降です。島原は有馬晴信や小西行長などのキリシタン大名が統治したところで、多くの人びとがキリシタンに改宗し、島原の乱の中心になったと伝えられています。

徳川幕府はこの事件を重く見て、一六三九年に鎖国令（第五次鎖国令で、鎖国体制の完成とされる）を発し、ポルトガル船の来航を禁止。カトリックではなくキリスト教布教と直接関係のなかったオランダの商館も平戸から長崎の出島に移転され、商船の入港も制限されるようになりました。

以来、一八五三年の黒船来航による日米和親条約の締結（一八五四年）まで、日本の外国との接触は、長崎の出島におけるオランダとの接触と、特例として一部の藩に認められた明との接触に限定されることになったのです。

明治になって解禁されたキリスト教、どうして再び風当たりが強くなったのか？

明治政府は、成立直後にキリスト教を弾圧しましたが、諸外国の激しい抗議と反発を受けて、一八七三年にキリスト教禁止令を解いています。

その後、外国人宣教師などによる布教活動が拡大し、カトリック教会は、現在の雙葉学園、白百合学園、暁星学園、海星学園などの前身となる学校を創設していきます。

プロテスタントたちも横浜、熊本、札幌などで布教を積極化していきます。後に「横浜バンド」「熊本バンド」「札幌バンド」と呼ばれたグループが、日本のプロテスタント布教の中心になっていきます。

「少年よ大志を抱け」(Boys, be ambitious) の言葉で知られるウィリアム・S・クラークは、札幌農学校(現・北海道大学)の初代教頭で、いわゆるお雇い外国人の一人。彼は札幌バンドの中心的存在で、後に日本のキリスト教布教に大きな役割を果たす内村鑑三、新渡戸稲造、宮部金吾なども札幌農学校の生徒でした。

NHKの大河ドラマ『八重の桜』に登場した新島襄は一八六四年に密出国し、アメリカでアマースト大学を卒業。初代駐米公使となった森有礼によって正式な留学生としての許可を受け、一八七四年にはアンドーヴァー神学校を卒業し、準宣教師として日本に帰国しました。

新島は一八七五年に同志社英学校を設立。七六年には徳富蘇峰、吉田作弥、金森通倫、横井時雄、小崎弘道、海老名弾正ら「熊本バンド」と呼ばれた三五人を熊本の英学校から同志社に受け入れています。七七年には同志社女学校(後の同志社女子大学)、八七年には同志社病院を設置しています。同志社が、関西地区で初めて大学令に基づく大学に昇格して同志社大学となったのは一九二〇年。新島襄が永眠した一八九〇年から三〇年がたっていました。

キリスト教が解禁された明治初期は、キリスト教徒が急増しています。とくに上流階級がキリスト教に殺到したといわれています。一八八八年に正教徒は一万七〇〇〇人、清教徒（プロテスタント）は一万五五一四人で、一八九五年にカトリック教会は信徒五万三〇二人です。福沢諭吉などは、キリスト教を国教にして国家が主体となって教会を運営すべきだ、と主張していたほどです。

しかし、大日本帝国憲法（一八八九年）に続いて教育勅語《きょういくちょくご》（一八九〇年）が発布され、天皇の位置づけが明確にされ、**国家の核として天皇と国家神道《こっかしんとう》が位置づけられると、キリスト教に対する風当たりは次第に強くなっていきます。**

内村鑑三は一八九〇年に第一高等中学校の嘱託教員となりましたが、翌年一月九日に同校でおこなわれた教育勅語奉読式で、天皇の御名に対して最敬礼をおこなわなかったことが「不敬事件」として強く非難され、二月には同校を依願退職したのでした。神道が国家の宗教として位置づけられた明治中期以降、キリスト教にとっては難しい状況が続きますが、カトリック教会もプロテスタントも教育や社会福祉活動などに注力して影響力の保持を図ります。

イエズス会は一九一三年に上智大学を、女子修道会の聖心会は一九一六年に聖心女子大学を開校します。カトリック教会は神奈川県鎌倉市に結核療養所「聖テレジア療養所」を開設しています。プロテスタント側も一九一〇年に東京女子大学を設立し、一九一二年に救世軍病院を開設しています。

大正から昭和にかけてイデオロギーとしての国家神道が強調されるなかでも社会福祉活動は続けられ、カトリックは一九三〇年にベタニアの家（後の社会福祉法人「慈生会」）を、一九三六年には東星尋常小学校（後の東生学園）をつくっています。プロテスタントは一九四一年にプロテスタント三二派を統合し、「日本基督教団」を設立しています。

日本のキリスト教徒が、世界的に見ても極端に少ないのはなぜか？

一九四五年に第二次世界大戦が終わると、国家神道が廃止されました。一九四六年の天皇の「人間宣言」、さらに新憲法によって完全な信教の自由が認められると、キリスト教の諸団体は積極的に布教活動を再開します。

プロテスタント諸派とカトリック教会の聖書学者が結集して聖書の翻訳作業をおこない、一九七八年には「共同訳聖書」が完成。さらに改良を加えた「新共同訳聖書」が一九八七年に出版されました。一九八一年には、史上初めてローマ教皇ヨハネ・パウロ二世が来日し、東京、広島、長崎を訪れて「平和アピール」を発表しています。

こうして完全な信教の自由が認められ、布教活動も活発に活発になっていったものの、日本における二〇〇一年時点のキリスト教人口はカトリック教会四四万人、プロテスタント諸派合計五〇万人、日本キリスト正教会一万人で、合計一〇〇万人弱。つまり、人口の一％弱にとどまっています。

日蓮宗系の新興仏教である創価学会の会員が、主宰者側の発表で八二七万世帯、信徒一〇〇〇万人以上といわれているのに比べても、きわめて少数です。実際の創価学会会員数は公称の三割前後ともいわれますが、それでもキリスト教徒の二〜三倍です。

同じ一神教のイスラム教信者はキリスト教よりも少なく、日本全国で七万人程度とされています。キリスト教、イスラム教をあわせても全人口の一％に満たない数なのです。

ところで、世界全体を見渡すとキリスト教徒は二〇億人を超え、イスラム教徒も一

アジアで森林が増加しているのは、多神教だから!?

【図12】世界の森林の減少

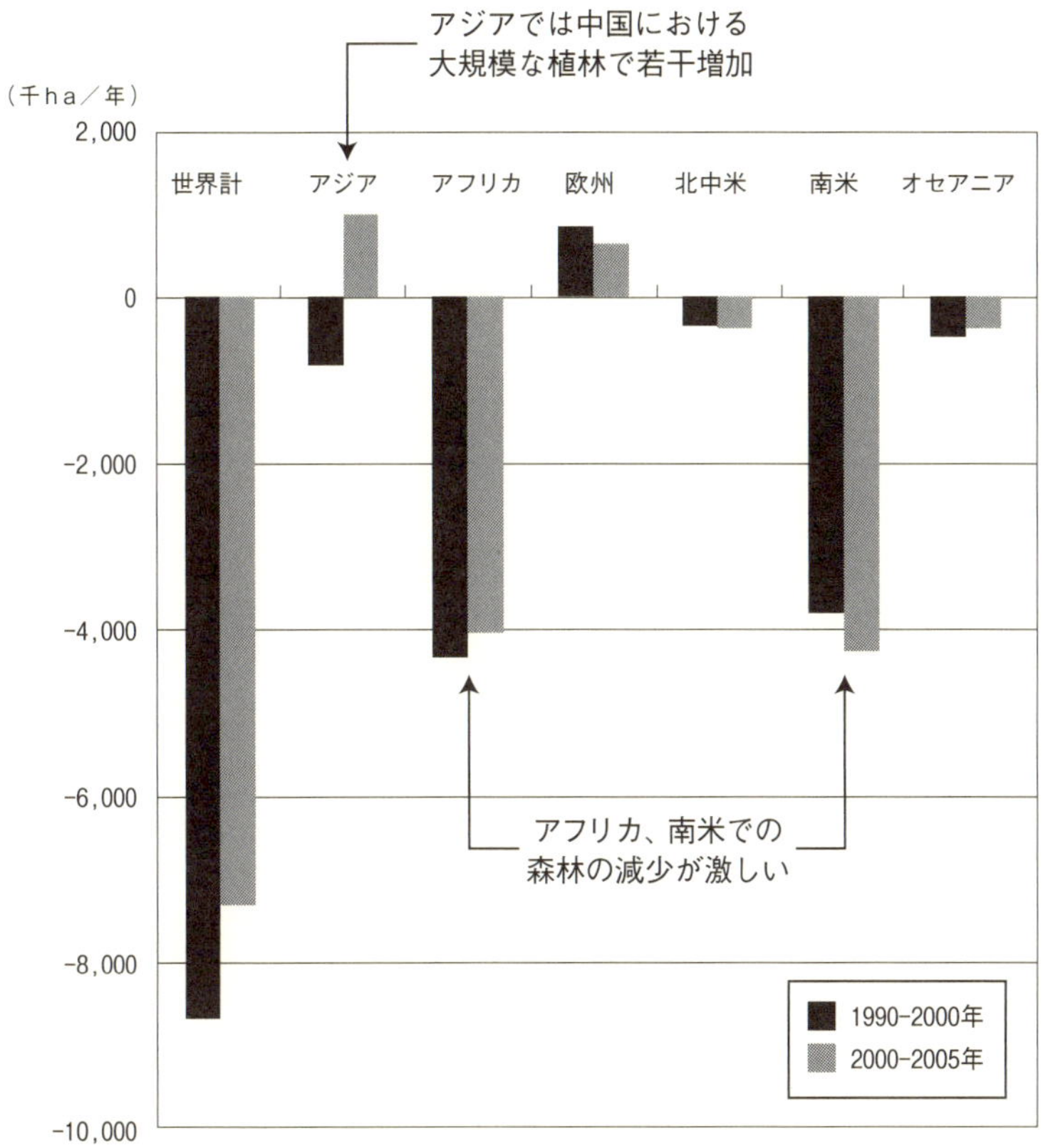

出典:環境省HP、FAO「Global Forest Resources Assessment 2005」ほかより編集部作成

二億人ほどいるとされています。**世界の人口六五億人のうち三六億人超、つまり過半数がキリスト教またはイスラム教の信者**なのです。**日本の一％弱という数字が、いかに少ないか**わかるでしょう。なお、キリスト教、イスラム教について多いのがヒンドゥー教徒で八億一〇〇〇万人、その次が仏教徒で三億六〇〇〇万人です。

多神教的な傾向を持ち、神仏習合の体制になじんできた多くの日本人にとっては、やはり一神教は異質なものなのでしょう。日本は、ふつうは仏教国とされますが、神仏習合の世界ですから、仏教国というより多神教の国と呼ぶほうが適切でしょう。

世界地図を見ると、インドより東、つまり日本、韓国、中国、東南アジアの多くの国、モンゴルなどが仏教またはヒンドゥー教という多神教の国です。インド以西とアメリカ大陸がキリスト教、またはイスラム教の一神教の国です。多神教の国の多くは稲作漁撈文明の国で、一神教の国の多くは畑作・牧畜文明の国です。

いま、世界の森林は急速に減少してきています（図12）。とくにアフリカ、南米での減少が激しいのですが、アジアでは中国における大規模な植林で若干増加していいます。この増減が各地域の宗教と直接結びついているわけではありませんが、多神教的な傾向が強いアジアで森林が増加し始めていることは興味深い事実です。

世界の戦争の歴史は、十字軍をはじめ大部分が宗教戦争だった

日本には宗教戦争や宗教的な紛争がきわめて少ないことも見ていきましょう。

世界の戦争の歴史を見ると、とくに中世以降、つまりイスラム教が力を持って以降の戦争は、宗教にからむものが少なくありません。典型的なのが十字軍で、一〇九六～一〇九九年の第一回から二〇〇年近く、えんえんと派遣され続けました。最後の十字軍の戦争は第九回の一二七一～一二七二年です。

西ヨーロッパのキリスト教国が送った十字軍の目的は、聖地エルサレムをイスラム教諸国から奪回することでした。発端は、セルジューク朝トルコの圧迫に苦しんだ東ローマ帝国皇帝アレクシオス一世コムネノスの依頼によって一〇九五年、ローマ教皇ウルバヌス二世が、イスラム教徒に対する軍事行動をキリスト教徒に呼びかけたことです。

西ヨーロッパの騎士たちは、翌一〇九六年にエルサレム遠征の兵を起こし、ニカイ

ア攻囲戦やドリュラエウムの戦いなどでイスラム軍を撃破。アナトリア半島からシリアへと進軍したのでした。一〇九九年にはエルサレムの征服に成功し、中東にはエルサレム王国、エデッサ伯国、トリポリ伯国、アンティオキア公国という四国家をはじめいくつかの十字軍国家がつくられました。

これら国家を維持するためにも、十字軍の派遣が続きます。しかし、第九回十字軍がマムルーク朝第五代スルタン・バイバルスの軍勢に破れ、エルサレム王国などの十字軍国家は全滅してしまいます。十字軍がエルサレムを確保できた期間は一〇九九〜一一八七年と一二二九〜一二四四年の計一〇二年間でした。

十字軍遠征が終わって二十数年たった一二九九年、オスマントルコが勃興して次第に範囲を拡大。オスマントルコ帝国は、第一次世界大戦後の一九二二年まで続きます。一四五三年にオスマントルコが東ローマ帝国を滅ぼすと、地中海は「イスラムの海」となりました。

これは一五七一年、レパントの海戦でスペイン、ヴェネツィア連合軍がオスマントルコに勝利するまで続きました。もっとも、オスマントルコがそれで衰退したわけではなく、依然として地中海における優位性を維持していました。

当時のスペインはフェリペ二世の時代で、スペインの黄金時代です。しかし、一五八八年にアルマダの海戦でスペイン無敵艦隊がイギリスに破れてからは、エリザベス一世の統治するイギリスが次第に覇権を確立してゆくことになります。

一七世紀後半以降、戦う理由は宗教から植民地争奪へと移り変わっていく

一六〜一七世紀のヨーロッパは、いわゆる「宗教戦争」の時代です。ドイツのマルティン・ルターが一五一七年、免罪符販売の件でローマ教会に抗議したことに始まる「宗教改革」でプロテスタントが登場すると、カトリックとの対立が激化し、一連の戦争が続いていったのです。

スイスのカッペル戦争（一五二九〜一五三一年）、ドイツのシュマルカルデン戦争（一五四六〜一五四七年）、フランスのユグノー戦争（一五六二〜一五九八年）、ドイツの三〇年戦争（一六一八〜一六四八年）、オランダの八〇年戦争（一五六八〜一六四八年）などがそうです。

三〇年戦争の結果、一六四八年にヴェストファーレン条約が締結され、近代西欧の主権国家体制ができていったのです。このときフランスがアルザス・ロレーヌ地方を獲得して神聖ローマ帝国から離脱。スイスとオランダ（ネーデルランド連邦共和国）も神聖ローマ帝国から独立しました。

八〇年戦争はスペインとオランダの戦争で、これはカトリック国家とプロテスタント国家の戦いであり、オランダ独立の戦いでもありました。八〇年戦争は三〇年戦争と同時に終わり、カトリックとプロテスタントの戦いは終結しました。

ヴェストファーレン条約のあとも第一次〜第三次英蘭戦争、フレンチ・インディアン戦争（北米植民地戦争）、マラータ戦争、ナポレオン戦争といった戦争が続きますが、**一七世紀後半以降の戦争は、主権国家内の領土や植民地争奪などが原因**です。つまり、**宗教が原因になった戦争はほとんどなくなっていきました。**

中世から近世にかけてのヨーロッパや中東の戦争の多くが宗教をめぐるものであったことは間違いありません。

アジアに宗教戦争が少なかったのはなぜか？

一方、**目をアジア（東アジアと南アジア）に転じると、同じ時期に宗教を原因とした戦争はほとんど見られません**。それ以外の時期にも宗教戦争や宗教紛争はないのです。

インドから東の国ぐにはほとんどが多神教で、イスラム教徒が多いインドネシアやマレーシアでもキリスト教、ヒンドゥー教、仏教などが併存しています。そんな**アジアの多神教国で、ヨーロッパと比べて戦争が少なかったことは、明確な歴史的事実**です。

中国でも、秦の始皇帝が統一するまでの戦国時代（紀元前四〇三～二二一年）、項羽と劉邦が争った楚漢戦争（紀元前二〇六～二〇二年）、三国時代（二二〇～二八〇年）、五胡十六国時代（三〇四～四三九年）など、戦争に明け暮れた時代はありましたが、宗教をめぐる戦争ではありません。しかも、ヨーロッパと比べて戦争の時期が短いのです。

中国では紀元前二〇六～二二〇年の漢、六一八～九〇七年の唐、九六〇～一二七九年の宋、一二七一〜一三六八年の元、一三六八〜一六三三年の明、一六一六〜一九一二年の清と、安定した巨大帝国が支配する平和な時代のほうが圧倒的に長かったことは、小国が戦争や分裂を繰り返したヨーロッパとの大きな違いです。

インドでも紀元前のマウリヤ朝、ガンダーラ文化を生んだクシャーナ朝、四世紀前半からのグプタ朝など、平和な時代が比較的長く続きました。ただし、インドは地理的な条件から、しばしば西方からの攻撃を受けます。一五二六年にはイスラム教を奉じるムガール帝国が成立し、三代皇帝アクバル大帝時代に全盛期を迎えました。ムガール帝国が一八五八年まで続いた後、インドはイギリスの植民地とされてしまいます。

一九世紀以降の帝国主義の時代までに、ほとんどの地域が列強諸国の植民地にされてしまいます。第二次世界大戦で多くの犠牲者を出したアジアですが、それ以前のアジアは、中国、インドを含めて戦争が少なく、世界でもっとも経済的に繁栄した地域でした。

『世界経済の成長史――1820〜1992年』（金森久雄訳・東洋経済新報社）という興味深い本を書いた経済史家のアンガス・マディソンの推計によれば、一八二〇年時点で世界のGDPの二八・七％は中国、一六・〇％はインドが占めており、両国で全体の四四・七%とほぼ半分近い富を生み出していたのです。**「戦争のヨーロッパ」に対して「平和で繁栄のアジア」**といったところでしょうか。

アジアで戦争が少なかった最大の原因は、おそらく**多神教的な風土のなかで宗教戦争がなかった**ということなのではないでしょうか。

宗教的な争乱が少なく、寺院も神社も共存できる、日本だけの特殊事情とは?

アジア縁辺の島国である日本も、ここまで繰り返し述べた神仏習合システムのもとで、宗教をめぐる戦争がほとんどなかった国でした。

仏教が移入されたとき物部氏と蘇我氏が廃仏・崇仏で争ったものの、その後、空海などの努力によって日本の伝統的宗教である神道と中国から新たにもたらされた仏教が巧みに習合され、その上に天皇の制度が乗るという国家体制ができていきました。

もともとアニミズム的な自然崇拝の気持ちが強かった日本人にとって、森の奥深くつくられた密教の寺院と鎮守の森をまもる神社とを両立させることは、それほど難しいことではなかったのでしょう。**豊かな森を維持し続けた日本では、森そのものが信仰の対象だった**ということができるのではないでしょうか。

日本での宗教的な争乱で目立つのは「一向一揆」です。一向宗あるいは浄土真宗は、日本の宗教のなかでは、どちらかというと一神教的な性格を持った宗教だということができるのではないでしょうか。

日蓮正宗の理論から発展した創価学会も、どちらかというと一神教的性格を持っているようです。創価学会は他の仏教宗派や神道と比べると戦闘的な側面があって、折伏《しゃくぶく》などによって積極的に宗徒を増やそうとしたり、政治の世界に進出を図ったりしています。キリスト教やイスラム教と比べれば、その一神教的性格は若干薄いといえるのでしょう。

現在では、欧米でもいわゆる宗教戦争はなくなってきましたが、**キリスト教とイスラム教の対立や、カトリックとプロテスタントの確執が、まったくなくなったわけではありません**。二〇〇一年九月一一日（9・11）同時多発テロや、その後のアフガン戦争、イラク戦争の背後に、原理主義的なキリスト教とイスラム教の対立を見ない人はいないでしょう。一神教の性格から、他の神を信じる宗教とはどうしても併存できない、ということなのでしょうか。

この点、多神教的風土を持つアジア、とりわけ日本は、他の宗教に対して寛容だということができるのでしょう。筆者は時々冗談めかして「八百万《やおよろず》の神々を信じる日本人にとって、一つの神が増えたからといって気にするようなことはありませんよ」と言うことがあります。自然そのものを大切にし尊崇する多くの日本人にとっては、別の神を信じる人がいてもほとんど問題ではない、ということなのでしょう。

日本人のムチャクチャな神仏混淆も、宗教的な寛容の表れである

前述したように、キリスト教やイスラム教などの一神教は日本では普及が広がっていませんし、将来も大きく展開することはないでしょう。日本人は別に普及のジャマをしているわけではなく、多くの日本人はキリスト教やイスラム教に対して寛容です。

クリスチャンでなくても、キリスト教系の学校に子どもたちを入れますし、そこで定期的に礼拝がおこなわれていても気にしていません。

筆者は青山学院大学の教授を務めていますが、別にクリスチャンではありませんし、青山学院の公式行事がキリスト教に則《のっと》っておこなわれても、気にもなりません。もちろん学校からクリスチャンになってくれという要請もないのです。

日本人は、生まれた直後に神社に参詣《さんけい》し、七五三も神社で祝います。学校がキリスト教や仏教系でも気にしません。結婚式は自分の宗教に関係なく、神道式やキリスト教式で挙げる人が多いでしょう。亡くなるときは、多くの人は仏教式の葬儀です。

しかも、毎年初詣には神社か寺院に行き、二月には節分の豆まきをします。夏には神社のお祭りに参加して、御輿《みこし》を担《かつ》いだり踊ったりします。冬にはクリスマスツリーを飾り、もみの木に十字架を下げたりもします。これはイエス・キリストの降誕祭(誕生祝い)です。春と秋の彼岸には、先祖の墓参りも欠かしません。

考えてみればムチャクチャな感じも受けますけれども、これは、やはり日本や日本人の発想がきわめて柔軟で、四季折々の行事が大好きな、すばらしいところでしょう。宗教的な寛容は、日本という多神教の国にあって、一つの風土になっているということができるのでしょう。

第5章

なぜ日本は、万世一系の天皇を続けてきたのか？

圧倒的な力を持っていたわけではない天皇家が、なぜ日本の中心になったのか？

日本の天皇制は、古墳時代に見られたヤマト王権の「治天下大王《あめのしたしろしめすおおきみ》」に由来する、と考えられています。三世紀中期に見られる前方後円墳《ぜんぽうこうえんふん》の登場は、近畿地方における統一政権の成立を示唆しており、これを担った大王家が天皇の祖先と考えられているのです。

もっとも、大王家の出自《しゅつじ》については、弥生時代の邪馬台国《やまたいこく》の卑弥呼《ひみこ》の系統だという説、大王家の祖先は四世紀頃の大和地方で実権を握った有力な豪族だという説などが入り乱れており、定まっていません。いずれにせよ、**当時の大王は軍事的な覇権を持っていただけではなく、祭祀《さいし》的な側面も色濃く持っていた**、とされています。

出自がどうあれ、天皇家は、三世紀中頃から四世紀にかけて大和政権が成立したとき軍事的に日本を統合した一族だったのでしょう。ただし、天皇家だけが圧倒的な力を持っていたわけではなく、**大伴《おおとも》氏・物部《もののべ》氏・蘇我《そが》氏などの有力豪族に支えられてい**

ました。

たとえば第二六代の継体《けいたい》天皇は、『日本書紀』によれば、五〇六年に武烈天皇が跡継ぎを定めないまま崩御《ほうぎょ》したため、大連《おおむらじ》の大伴金村《おおとものかなむら》、物部麁鹿火《もののべのあらかひ》、大臣《おおおみ》の巨勢男人《こせのおひと》らが協議した結果、五〇七年に即位することになった、ということです。大伴氏・物部氏・蘇我氏などの豪族が力を持って天皇を推戴《すいたい》していたのです。

こうした**豪族中心の政治から天皇中心の政治に変わっていったのは、六四五年の大化の改新から**です。大化の改新は、中大兄皇子《なかのおおえのおうじ》（後の天智天皇）らが蘇我入鹿を暗殺して蘇我家を滅ぼし、孝徳天皇を立てて中大兄皇子が皇太子となった政変です。このとき中大兄皇子の背後にいたのが中臣鎌足《なかとみのかまたり》（後の藤原鎌足）です。

大化の改新によって、①公地公民制（土地や人民はすべて天皇のもの）、②国郡制度（国・郡《こおり》・県《あがた》などを整理して新しい制度を創設）、③班田収授《はんでんしゅうじゅ》の法（戸籍と計帳を作成して、田地を人民に与える）、④租《そ》・庸《よう》・調《ちょう》制度（人民に税や労役を負担させる制度）などの新しいシステムが導入されたのでした。

この時代から奈良時代中期までは、天皇の権力がもっとも強かった時代でしょう。三八代の天智天皇、四〇代の天武天皇、四五代の聖武天皇などがそうです。

聖武天皇は東大寺に大仏を建立したことで知られますが、七五二年の大仏の開眼供養《かいげんくようえ》会は国を挙げた一大イベントで、インド僧の菩提僊那が導師を務めたのでした。当時、九州から畿内にかけて天然痘が大流行し、兄たちを天然痘で次々と失った光明皇后が夫の聖武天皇に、供養のために大仏建立を強く勧めたといわれています。

藤原氏はなぜ何代にもわたり権力を掌握し続けることができたのか?

この頃から天皇の背後には藤原氏がいて、**次第に藤原氏の権力が増大**していきました。藤原氏繁栄の基礎をつくったのは藤原不比等《ふじわらのふひと》です。不比等は藤原鎌足の次男で、七〇八年には右大臣となり、七一八年に養老律令の編纂を開始。律令は彼の死後七五七年に施行されています。

不比等が最初の妻との間にもうけた藤原宮子《ふじわらのみやこ》は文武天皇の妃(夫人)となり、後妻の橘三千代との間の光明子《こうみょうし》は聖武天皇の皇后となりました。これが初めての人臣皇后で、藤原氏繁栄の基礎を築くことになります。七一〇年の平城京への遷都も、不比等が主導したといわれています。

不比等の子だった武智麻呂《むちまろ》（藤原南家）、房前《ふささき》（藤原北家）、宇合《うまかい》（藤原式家）、麻《ま》呂《ろ》（藤原京家）も官僚機構を掌握し、権力を振るいましたが、七三七年に流行した天然痘で相ついで病死します。武智麻呂の子の仲麻呂は、光明皇后の信任を得て台頭し、聖武天皇の信任を得て力があった橘諸兄《たちばなのもろえ》、橘奈良麻呂《たちばなのならまろ》を排除して、独裁的な権力を振るいます。前にも触れたように、仲麻呂は孝謙天皇の寵愛を得た道鏡によって退けられ、七六四年に藤原仲麻呂の乱で敗死しました。

その後、藤原氏の権力は弱体化しますが、道鏡側についた藤原永手《ふじわらのながて》などによって再興され、永手は七六六年に右大臣、ついで左大臣に任じられています。永手とともに政治の中心にあったのが吉備真備で、永手が左大臣のときの右大臣でした。

平安時代に入ると藤原氏、とくに藤原北家の権力が確立されていきます。平安初期には藤原良房《ふじわらのよしふさ》が人臣として初めて摂政の座に就き、藤原北家全盛の基礎をつくります。良房は娘の明子を女御《にょうご》（複数いた天皇の夫人）に入れ、その子惟仁《これひと》親王をわずか生後八か月で立太子させています。八五七年には良房は太政大臣を拝命、さらに八五八年には惟仁親王を即位させて清和天皇としたのです。良房は天皇の外戚である太政大臣として、実際に政務を仕切りました。良房の養子藤原基経《ふじわらのもとつね》もまた、陽成《ようぜい》天皇の外戚《がいせき》として摂政と関白を務めています。

藤原氏は、皇室と姻戚関係を結んで他氏を排斥し、権力を増強する路線を代々引き継いでいき、八四二年の承和《じょうわ》の変から九六九年の安和《あんな》の変にいたる一連の事件で、他氏の排除を完成したのでした。

藤原氏の権力は、藤原道長《ふじわらのみちなが》（一〇一六年に摂政、一〇一七年に太政大臣）とその子頼道の時代にピークに達します。道長は長女の彰子を女御として入内《じゅだい》させ、一〇〇〇年には皇后としています。彰子は皇子敦成《あつひら》親王を出産し、この皇子が一〇一六年に後一条天皇として即位します。道長は同年摂政となり事実上、政務をとりおこなったのです。

一〇一七年には、道長は摂政を嫡男の頼道に譲って後継体制を固めます。一〇一八年に後一条天皇が一一歳になったとき、道長は三女の威子《たけこ》を女御として入内させ、中宮としています。威子の立后の日、道長が有名な即興歌「この世をば　わが世とぞ思ふ　望月の　欠けたることも　なしと思えば」を詠んだといわれています。このとき、いわゆる三后（皇后・皇太后・太皇太后）は三人とも道長の娘という前代未聞の状態でした。
この頃は平安時代がもっとも華やかだった時代でもあります。紫式部の『源氏物語』、清少納言の『枕草子』、あるいは菅原孝標女《すがわらのたかすえのむすめ》（本名は不詳）の『更級日記』は、世界に誇れる偉大な文学です。

奈良時代中期から平安時代にかけて、政治の実質的な権力は次第に天皇やその身内から藤原氏などの貴族に移っていきました。ここで注目したいのは、**藤原氏などが皇室と縁戚関係を持つことで天皇を権威として立てつつ、摂政、関白、太政大臣として権力を振るった**点です。

立憲君主国家イギリスでは、権威の象徴としての「万世一系」の王族は存在しなかった

本書でしばしば日本と比較している立憲君主国家のイギリスも、中世以降は王室が支配していましたが、王朝は時代によって変遷しました。日本のような**権威の象徴としての「万世一系」の王族は、イギリスには存在しなかった**のです。

イギリスでは、一〇六六年のヘースティングズの戦いでノルマンディー公ギヨームがウィリアム一世として即位しノルマン朝が始まりました。一一五四年にアンジュー伯アンリがイングランド王に即位（ヘンリー二世）してプランタジネット朝、さらにランカスター朝、ヨーク朝をへて、一四八五年にテューダー朝、一六〇三年にはジェームズ一世が即位して初期ステュアート朝、さらに一七一四年にハノーヴァー朝（ビクトリア女王など）が成立しています。こうして頻繁に、王様の家そのものが変わるのです。

現在のエリザベス女王は、一九一七年に始まるウィンザー朝の人で、かつてはビクトリア女王の夫アルバートの家系（サクス＝コバーグ＝ゴータ家）でした。アルバートはドイツのザクセン＝コーブルク＝ゴータ公エルンスト一世の息子です。

第一次世界大戦中の一九一七年、ジョージ五世（エリザベス女王の祖父）は敵国ドイツの領邦であるザクセン＝コーブルク＝ゴータ公国の名が冠された家名を避けて、王宮のウィンザー城にちなんでウィンザー家と改称しました。そこで、現在の女王エリザベス二世にいたるまでをウィンザー朝と呼んでいます。

ただし、ビクトリア女王の血統が断絶したわけではないので、ハノーヴァー朝の後継と見なされることもあるようです。

英国も中国も、王室が権力をあわせ持っていたから戦争が起こった

いずれにせよ、イギリスにも万世一系ということはありません。**王朝が変わるときは権力闘争から戦争や革命が起こっています。**ヨーロッパや中国の前王朝の王たちは処刑されたり追放されたりするのです。

有名なバラ戦争(一四五五〜一四八五年)は、ヨーク家とランカスター家の間の権力闘争による内乱で、最終的にはフランスに亡命していたランカスター家傍系のリッチモンド伯ヘンリー・テューダーがリチャード三世を破り、テューダー朝が開かれました。即位したヘンリー・テューダー＝ヘンリー七世は、エドワード四世の五女エリザベス・オブ・ヨークと結婚してヨーク家と和解しています。

ウィリアム・シェイクスピアは、この時代をモデルとして『ヘンリー六世』『リチャード三世』などの作品を書きました。

現在のウィンザー朝のエリザベス二世は、イギリス元首として権力は持たないものの、権威としてイギリスに君臨しています。しかし、少なくとも**近世までのイギリス王室は、権威と権力をあわせ持った存在でした。だからこそ、権力が交代するときに王朝そのものが変わっていった**のです。

一六四八年のヴェストファーレン条約によって立憲国家が成立するまでは、イギリスを始めとする多くのヨーロッパ諸国は、王朝が権力を持って君臨していたということができるのでしょう。

日本で、王朝が変わることなく、万世一系の天皇が続いた大きな理由とは？

これに対して、日本の天皇は、奈良時代中期頃から藤原氏が台頭し、さらに鎌倉時代に入って武家政治が始まると、次第に権力を失っていきます。

しかし、天皇の権威はずっと維持されており、今日もそうです。つまり日本では、いわば**「権威と権力の分離」がずっとおこなわれていた**のです。

建武の中興など、天皇が一時的に権力を取り戻そうとした時期もありました。しかし、後醍醐天皇の建武政権は人心を失い、足利尊氏《あしかがたかうじ》の離反もあって、一三三三〜一三三六年の三年間しか持たずに崩壊。権力は再び武士の手に戻って足利幕府が成立したのでした。ただし尊氏も、その弟直義《ただよし》も、天皇制を否定したわけではなく、朝廷と幕府の二元的体制は鎌倉時代と同様に続きました。

第二次世界大戦後の日本国憲法で天皇は「象徴」と位置づけられました。しかし、**日本の歴史の大部分の時代、つまり奈良中期から江戸末期まで、日本の天皇は権威を持つものの権力を持たない、いわば象徴としての役割を担ってきた**のだといえるのでしょう。

だからこそ、イギリスのように王朝が変わることなく、万世一系の天皇が続いてきたのではないでしょうか。

明治維新から第二次世界大戦まで、天皇は象徴という存在ではなく、神聖なる統治者に押し上げられました。これは明治憲法（大日本帝国憲法）第一条に「大日本帝国ハ万世一系ノ天皇之ヲ統治ス」、第三条に「天皇ハ神聖ニシテ侵スベカラズ」とあるとおりです。前にも述べたように、この時期は、少なくとも**中世以降の日本の歴史の**

流れからすれば「例外的な時代」だった、ということができるのでしょう。

もちろん、明治期の天皇制も一種の立憲君主制に近いところもあり、美濃部達吉などは「天皇機関説」を説きましたし、実際に政治を仕切ったのは天皇を輔弼《ほひつ》する内閣でした。つまり、事実上、明治天皇も象徴天皇に近かった、という見方があります。

ただし、統帥権《とうすいけん》はあくまで天皇にあり、陸海軍は天皇の直接の指揮・命令のもとにあるとされました。これが後に陸軍・海軍が内閣から独立して暴走する原因になった、とされています。

大嘗祭が、権威としての天皇に継続性と永遠性を与えた

「権威」としての天皇と、「権力」としての摂政・関白、あるいは将軍たちとの分離について述べましたが、この分離の構造には、おそらく**「権威は永続的なものだが、権力は一時的、あるいは有為転変《ういてんぺん》するものだ」という考え方が含まれている**のではないか、と私は考えています。

もちろん、権威としての天皇も寿命がくれば亡くなりますが、天皇の制度という意味では万世一系であり、永遠に続いていくということなのです。日本の国歌「君が代」に歌われているように「君が代は　千代に八千代に　さざれ石の　いわおとなりて　こけのむすまで」というわけです。

この**継続性は、古来、大嘗祭《おおにえのまつり》の儀式によって保障されてきた**のでした。山折哲雄は大嘗祭について『日本文明とは何か』で次のように述べています。

「この日本列島においては古くから、秋になるとその年にとれた新穀を天照大神（または天神地祇《てんじんちぎ》）に供えて、天皇が一緒に食べる新嘗祭《にいなめさい》がおこなわれてきた。すなわち神人共食《しんじんきょうしょく》の儀をともなう収穫祭である。この収穫祭としての新嘗祭が、天皇の代替わりにおこなわれるときにかぎり、とくに大嘗祭と呼ばれたのである」

「周知のように天皇の代替わりのときにおこなわれる大嘗祭は、皇位の万世一系性を保障し確認するための儀礼でもあった。皇位の万世一系性はむろん国政上では即位礼によって正式に承認されるわけであるが、しかし神話的には、それは大嘗祭儀による天皇再生の永続性という観念と不可分に結びつけられ伝承されてきた。この天皇系譜にかんする永続性の観念は、たとえば記紀神話の天孫降臨《てんそんこうりん》の場面に象徴的に描かれているといっていい」

こうした大嘗祭という儀式によって権威としての天皇、あるいは天皇制は、継続性と永遠性を与えられたのでした。

権力のむなしさ、はかなさが無常観となって強調されたのが『平家物語』だ

永続的な権威に対して、**権力については、日本ではしばしば、そのはかなさが強調されてきました。**典型が『平家物語』でしょう。

「祇《ぎ》園《おん》精舎《しょうじゃ》の鐘の声、諸行無常の響あり。娑羅《さら》双樹《そうじゅ》の花の色、盛者必衰《じょうしゃひっすい》の理《ことわり》をあらはす。おごれる人も久しからず、ただ春の夜の夢のごとし。たけき者も遂にはほろびぬ、ひとへに風の前の塵に同じ」

まさに仏教的な無常観がただよう文章です。

天皇制という継続する権威をかかえながら、**権力を一時のはかないものと見る日本的な考え方は、権力の集中を好まず、分権的なシステムを長く維持することになりま**

した。

藤原道長の時代や織田信長・豊臣秀吉の時代には、たしかに権力の集中が試みられ、ある程度は成功したといえるかもしれません。しかし**この時期にも天皇制は崩れておらず、権力者たちは権威としての天皇と共存せざるをえませんでした。**

太政大臣、摂政・関白、征夷大将軍という最高権力者を任命するのは天皇です。日本の権力者たちは、ヨーロッパのように権威と権力をあわせ持つことはできなかったのです。藤原道長のような強大な権力を握った貴族でさえ、娘たちを天皇に嫁がせ外戚として権威を手に入れざるをえませんでした。戦乱の時代に天下を統一した武将たちも、必ず京に上って天皇から征夷大将軍というお墨付きをもらうことに腐心しました。

こんな状況では、権力者が世襲によって権力を長く維持することは、容易ではありません。天皇という継続的な権威が存在する以上、中国やヨーロッパのように権力者が権威も兼ね備えた王朝をつくることは、ほとんど不可能だったのです。

ですから、**日本の長い歴史のなかでは権力の分散傾向が顕著になっていきます。**平安時代の藤原氏といえども天皇から独立して権力を行使できたわけではなく、しかも南家・北家・式家・京家に分散しました。平安中期以後に栄えたのは北家だけで、平安後期には上皇による親政が始まり、武士の台頭もあって藤原氏の権勢は失われていきます。

藤原氏は巨大な権力を失ったあとも、一条家・二条家・九条家・近衛家・鷹司《たかつかさ》家の五家に分かれて摂政・関白などの役職につきます。しかし、一八六八年一月三日の王政復古で、摂政・関白・征夷大将軍の職が廃止されました。

その後、摂政だけは復活され、大日本帝国憲法にも日本国憲法にも規定があります。大正天皇崩御のとき、皇太子裕仁《ひろひと》親王（のちの昭和天皇）が自らの践祚《せんそ》（皇位を受け継ぐこと）まで摂政を務めたことがあります。現在でも、天皇が成人に達しないときや重患・重大な事故などがあった場合は、摂政を置くことができます。

ヨーロッパや中国では、王朝が変わると前王朝の関係者は根だやしにされてしまうのが普通ですが、日本では権力を失っても別の形で存続するのが一般的です。

藤原氏だけでなく源氏の末裔《まつえい》も残っています。著名な清和源氏のほかにも多数の流派があり、戦国時代の明智光秀も土岐《とき》頼芸《よりなり》も源氏の末裔ですし、現在までその家系は続いているでしょう。徳川家や松平家も同様に明治維新の後も存続し、一五代将軍の徳川慶喜は一九〇二年に公爵に叙せられ、貴族院議員にもなっています。

長い間、豊かで平和な時代を維持できたのは、分権国家だったから

旧権力者が必ずしも粛清されなかったこともそうですが、**日本の権力構造は、もともとからきわめて分権的**です。

たとえば鎌倉幕府や室町幕府は、荘園・国衙領《こくがりょう》（公領）に守護・地頭を置き、その管理を任せました。地頭は在地御家人の中から選ばれ、荘園・公領の軍事・警察・徴税・行政を担当して土地や百姓を管理したのです。もちろん将軍は守護・地頭の上の存在ですが、警察権・行政権は完全に分権されていたわけです。

江戸時代も警察・徴税・行政は大小三〇〇ほどあった各藩の大名に任せられ、徳川家の直轄地は四〇〇万石程度だったとされています。これも完全な分権システムです。

江戸を囲む重要な領地は御三家（尾張徳川家・紀州徳川家・水戸徳川家）・御三卿《ごさんきょう》（田安徳川家・一橋徳川家・清水徳川家）・譜代大名（関ヶ原の戦い以前から徳川氏に臣従した大名）などで固めましたが、徳川家が全国の行政権や徴税権を握ったわけで

はありません。しかも、関ヶ原の戦いで家康側につかなかった毛利家や島津家も滅ぼしたりせず、外様《とざま》大名として、遠隔地であったものの領土を安堵させ、行政を任せました。

中央から遠い辺境に配置された外様藩が、徳川幕府の監視の目が届かないのをよいことに、密貿易や独自の財政改革に精を出して「雄藩《ゆうはん》」（勢力の強い藩）となり、さらに英仏などから輸入した最新兵器を駆使して幕府を倒したのは皮肉な話です。

幕府は、たしかに日本全国を支配していましたが、それは**統一された多様な複合体だった**のです。実に見事な分権国家でしたし、だからこそ長い間、豊かで平和な時代を維持できたのです。

幕府の政治にも老中・若年寄たちの評議制という分権的システムがあった

幕府そのものも、将軍や側近が独裁的に運営したわけではなく、一種の合議制になっていました。一七世紀末の一六九〇年に来日して、将軍・徳川綱吉に謁見《えっけん》したエンゲルベルト・ケンペルは著書『日本誌・日本の歴史と紀行』（今井正編訳・霞ヶ関出版）で徳川幕府の政治システムを「カウンシルの制度」（評議制）と呼んでいます。

側用人《そばようにん》が力を振るった時代もありましたが、基本的に**幕府の政治を動かしていたのは、老中・若年寄たちであり、その下にいた勘定奉行・町奉行・寺社奉行たち**でした。**かなりしっかりした官僚機構に乗った合議制**といったところで、この点では**現代日本の政治・行政機構とあまり違わない**、ということもできるのかもしれません。

しかも、大名の監督をしていた老中は三万石から一二万石の譜代大名で、それより石高の多い徳川一門や外様大名は老中になれなかったのですから、これもたいへん巧妙な権力の分散の仕掛けでした。

日本全国の石高は、一七世紀末の元禄時代にはほぼ二六〇〇万石でしたが、右に述べたように幕府直轄領は四〇〇万石前後で、加賀一〇〇万石の四倍程度です。**財政力でも幕府が圧倒的に強かったわけではありません。**

近世ヨーロッパの王たちが全国の富のほとんどを手中にしていたことと比べれば、これまた、きわめて分権的なシステムであった、ということができるのでしょう。

江戸時代に権力を持っていた武士は、経済的基盤を持たないサラリーマンだった

ここで一つ留意しなくてはならないのは、**幕府や大名、そして国家権力の最上層にいた武士たちは、必ずしも富を独占していなかった**ことです。

江戸時代には兵農分離がしっかり確立し、武士は土地を所有していなかったのです。もちろん、彼らは**徴税権は持っていましたが、税によって給与をもらう国家公務員、サラリーマンであって、決してオーナー経営者ではなかった**のです。

将軍も大名も大きな権力を持っており、たとえばなかば強制的に借金をすることができました。しかし、土地を直接所有して、そこからの上がりを独占することはありませんでした。**江戸時代に権力を持っていたのは将軍をトップとする武士階級ですが、富を持っていたのは豪農や豪商といわれた地主や商人たちです。**

第1章で紹介したように、中根千枝は権力と富が分離するこの特色あるシステムを「制度的エリート」のシステムと呼んだのです。江戸時代は、**経済的基盤を持たない**

サラリーマンが権力を持つ、政治的につくられた支配構造だったというわけなのです。

江戸時代は、幕藩体制によって**徴税権や行政権の分権が確立していただけではなく、権力と富が分離していた点でも、きわめて分権的なシステムだった**のです。

制度的エリートの武士たちは、幕府や大名たちを含めて決して豊かではなく、豪商たちからしばしば多額の借金をせざるをえませんでした。旗本や御家人、各藩の下級武士たちの中には、「赤貧洗うがごとし」の武士たちも少なくありませんでした。

廃藩置県後に、明治新政府は旧藩の債務を整理しましたが、その額は実に七四一三万両に上ったといわれています。明治政府は、半分の三四八六万両しか返済を認めなかったため、大阪の両替商などの経営にたいへんな打撃を与えました。これは日本で近代資本主義が始まるときの足枷《あしかせ》の一つになったのでした。

明治以降、「権力と富の分離システム」は「官僚と財閥」に受け継がれた

「権力と富の分離」というユニークなシステムは、ある意味では明治以降も続いてい

った、ということもできるのでしょう。

明治以降に「制度的エリート」になったのは国家公務員や政治家たちです。明治・大正から昭和のある時期までは、政治家たちの多くは国家公務員出身でした。

国家公務員にエリートとしてのステータスを与えたのが厳格な試験制度です。一八八七年にいわゆる「高文《こうぶん》」（文官高等試験）が制度化されたのです。前年の一八八六年に帝国大学が創設され、帝国大学のもとに旧制高校などの学校が置かれました。東京の一高、仙台の二高、京都の三高、金沢の四高、熊本の五高です（その後、岡山に六高、鹿児島に七高、名古屋に八高が設置される）。東京府をはじめ各地方都市は、同時に次々と旧制中学をつくって旧制高校に人材を送り込んだのです。

日本では、こうした学校を卒業した人たち、とくに東京帝国大学・京都帝国大学の卒業生たちが「制度的エリート」として国家のリーダーになっていったのです。彼らは難しい試験を優秀な成績でパスした秀才たちでしたが、必ずしも豊かな家庭の子どもたちではありません。明治以降の制度的エリートたちもまた、権力と富をあわせ持つことはなかったわけです。

一方、**富の蓄積は三菱・三井・住友などの財閥によってなされ、岩崎家・三井家・**

住友家などの大財閥、あるいはそれに続く中小財閥は、日本経済を担う中核的な組織となっていきました。江戸時代の紀伊國屋文左衛門などと同じように、こうした財閥の中心にいた一族はたいへんな富を築き、日本の富のかなりの部分を所有するにいたったのです。

ですから、**明治以降も権力と富は基本的には分離し、権力は制度的エリートが担い、富は必ずしも制度的エリート層に属しない財閥のメンバーたちが所有していました。**江戸時代以来の分権システムである権力と富の分離は、明治以降も維持されたのです。

就業人口は大きく減少したが、実は今でも農業GDP世界五位の農業大国である

日本の人口は江戸時代に、慶長年間（一五九六～一六一五年）の一〇〇〇万人が、元禄・享保年間（一六八八～一七三五年）の三〇〇〇万人と、三倍に増えています。耕地面積もほぼ三倍になりました。ところが農業就業人口一四〇〇万人、農家数五五〇万戸、農地面積六〇〇万町歩という構造は、この間ほとんど変わらなかったのです。

図13は一九〇四年から一九八五年までの農業構造の変遷を示しています。**農業就業人口が大きく減少し、農家戸数が減少しはじめたのは一九五五年以降**のことです。一九五五年に六〇五万七〇〇〇あった農家戸数は、その後加速度的に減少し、二〇一二年には一五〇万戸までに減っています。しかも専業農家は三万〜四万戸ということで、その二％強というところまで落ち込んでいます。

同時に農業生産性は大きく上昇しています。耕地面積は二〇一二年に四五五万ヘクタールで、一九六一年のピーク六〇九万ヘクタールから、それほど大きく減少しているわけではありません。

二〇一一年の農業総産出額は八兆二四六三億円と、ピーク時一九八四年のほぼ七割を維持しています。ですから、日本の農業GDPは七〇〇億ドル前後と、先進国ではアメリカにつぐナンバー2です。**世界のトップは中国とインドですが、日本は全体で見てもアメリカにつぐナンバー5なのです**（浅川芳裕『日本は世界5位の農業大国』講談社）。どうやら農業就業人口だけを見て農業が衰退産業だということはできないようです。

しかし、農業就業人口の老齢化が進んでいることはたしかです。二〇一二年に農業

戦後、農業の形は大きく変わる

【図13】我が国農業構造の変遷

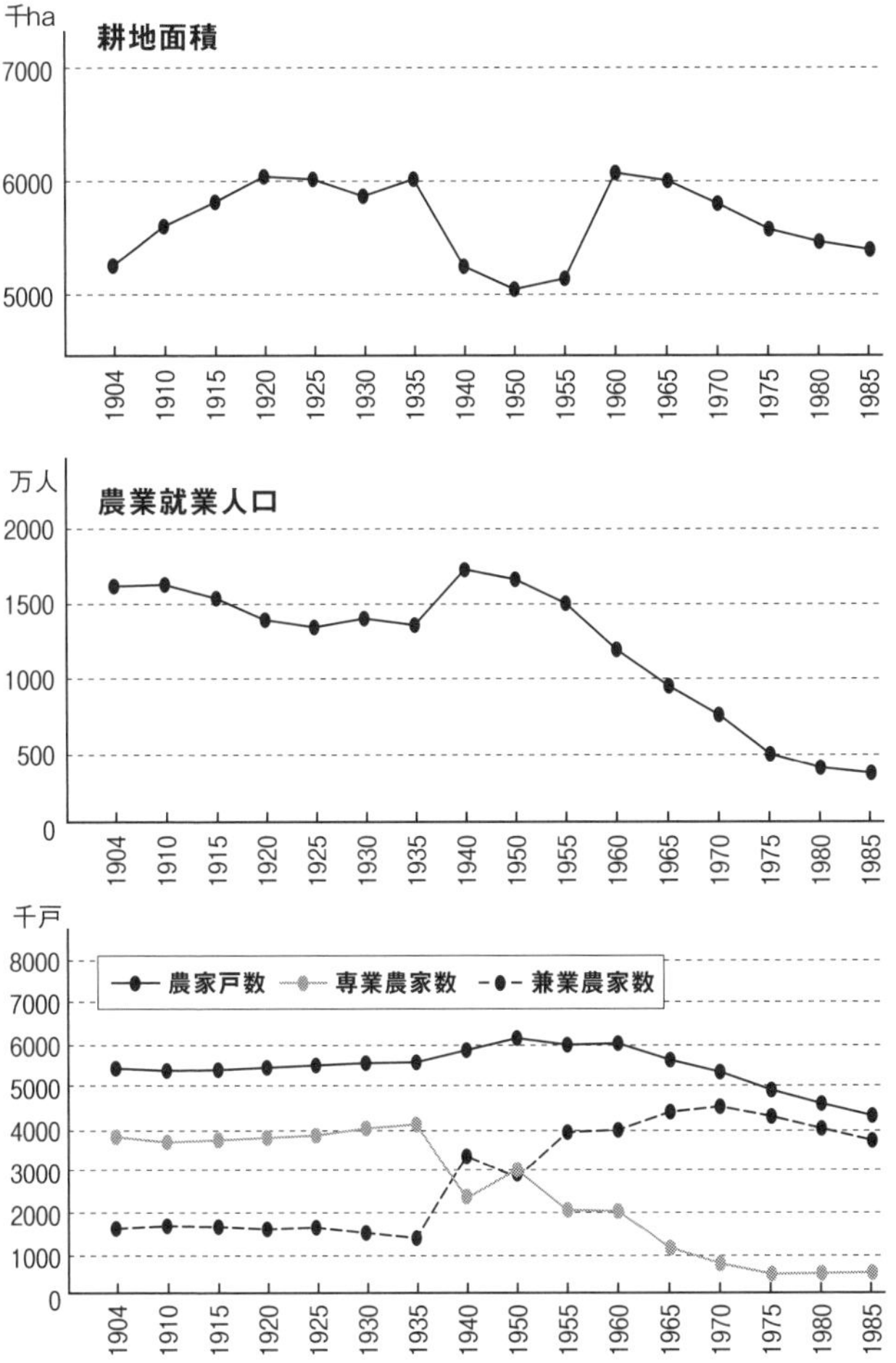

出典：農林水産省構造改善局農政課ほかより編集部作成

農業就業人口は明治から昭和30年前後まで、
1500万人前後でほとんど変わっていない。

に従事する人の平均年齢は六五・八歳で、六五歳以上が全体の六〇%を超えていました。**あと一〇年、何の手も打たなければ、平均年齢は後期高齢者の七五歳以上となってしまい、これは日本農業の崩壊を意味する**かもしれません。

農地法などによる農業への新規参入、とくに株式会社の参入が制限されていることなどが主な原因ですから、こうした規制を緩和して、農業の活性化をはかることが急務だといえるのでしょう。トヨタやパナソニックなどの日本の大企業が農業に参入できれば、日本農業の姿は大きく変わっていくのではないでしょうか。

高度経済成長以降、農村人口は急速に都市に流出し、江戸時代以来の「自立していた村落共同体」の姿は大きく変わってきてしまいました。日本の農業を再び活性化するためには、農業や農村をより開かれた存在にしていく必要があるのでしょう。

筆者には、小規模農家中心の日本の農業を株式会社化して法人組織にすることが、どうしても必要なように思われます。現在のシステムを維持するという後ろ向きの姿勢ではなく、**日本の農業をいかに新たな成長産業にしていくか、という前向きで攻めの視点が求められている**のではないでしょうか。

第6章

なぜ日本は、外国文明を見事に取り入れることができたのか？

仏教伝来とともに、巨大な中国文明が日本へ移入されていった

『日本書紀』によると、仏教が公式に日本に伝えられたのは五五二年、欽明天皇に百済の聖明王が使者を寄こし、仏像や経典とともに仏教流通の功徳《くどく》を賞賛した上奏文を献上したとき、とされています。

ただし、聖徳太子の伝記『上宮聖徳法王帝説』や、元興寺の成り立ちと変遷を記述した『元興寺《がんごうじ》伽藍《がらん》縁起《えんぎ》并《ならびに》流《る》記《き》資《し》財帳《ざいちょう》』では、欽明天皇の「戊午年《つちのえうま》」に百済の聖明王から仏教が伝来したとあり、これに従えば五三八年ということになります。

仏教が国家として公式に日本に伝えられた「仏教公伝」がいずれの年であれ、仏像が日本へ伝わって司馬達等《しばのたちと》が飛鳥に仏教を安置したのは五二二年で、五三〇年頃には崇仏派の蘇我氏と廃仏派の物部氏の争いが始まっています。

聖徳太子は蘇我馬子とともに戦って丁未の乱（五八七年）で物部氏を滅ぼしました。その六年後の五九三年、聖徳太子は四天王寺の建立に取りかかっています。四天王寺

は蘇我氏の氏寺である飛鳥寺とともに日本最古の本格的な寺院でした。聖徳太子は法隆寺も創建していますが、こちらは六〇七年と四天王寺の建立より若干遅れています。

仏教の伝来は、同時に中国文明全体の日本への移入でもありました。それまでの日本には、**しゃべり言葉としての「大和言葉」はありましたが、漢字が中国から伝わって、初めて読み書きに必要な言語が成立した**のでした。ただし中国語は輸入されず、漢字を次第に大和言葉によって読むようになっていったのです。

しばらくの間は、文字としての中国語（漢字）は、口語としての日本語（大和言葉）と並存したようですが、時がたつにつれて両者は混合し始めます。この混合のなかから、新たな翻訳語ができていったのです。

たとえば大和言葉である「コト」は、次第に漢語である「言」と「事」に重複するようになっていきます。いわゆる万葉仮名などを通じて、大和言葉と漢語の対応関係が生じていったのです。すでにお話ししたように、「真名」である漢字と大和言葉が混ざることによって翻訳語がつくられ、さらにはそれが「仮名」にまでなったのです。

この時代には、翻訳語によって中国語を日本語にしてしまうという作業がおこなわれたのです。そして、翻訳語を媒介として中国文明を日本化するという壮大なプロセスも始まります。

六〇七年の遣隋使に続いて六三〇年から遣唐使が派遣され、中国文明の移入に大きく貢献しましたが、これは八九四年に菅原道真《すがわらのみちざね》の建議によって廃止されます。こうして、平安時代の独自の日本文化が、唐の影響を残しながらもつくられていったのです。

仮名をも生みだす、きわめて日本的な「苗代」方式の驚くべき特徴とは?

漢字から仮名が生まれてくるプロセスは、たいへんおもしろいものです。もともと日本には文字がなかったのですから、最初は漢字以外の文字は存在していなかったわけです。そこで、まず「万葉仮名」として、大和言葉の発音に対応させて漢字を使ったのです。

たとえば、「皮留久佐乃皮斯米之刀斯」と書いて「はるくさのはじめのとし」と読みました。ようするに、あて字です。あて字を使って日本語を初めて文字にしたのが万葉仮名だったのです。これは、まあ近代日本のローマ字というところでしょうか。その後、次第に漢字をくずし、草書体っぽく書くことによって、日本独自の文字である仮名をつくっていくのです。「安」から「あ」が、「以」から「い」が、「宇」から「う」がつくられるという具合です。

もちろん、仮名はあくまで仮のもので、真名である漢字が本来のものです。少なくとも教養ある男たるものは漢字を使うべきであり、仮名を使うのは女子どもだとされたわけです。ですから、その成果として『土佐日記』などの仮名文学が生まれましたが、作者の紀貫之《きのつらゆき》は、女性を装って日記を書かざるをえませんでした。

漢字と仮名は次第に混ぜて使われるようになっていきますが、現在にいたるまで、依然として漢字が主で仮名は従です。そもそも、すべての文章を仮名で書かれたら、読みにくくてしようがありません。

このように、外来のものを一度翻訳して翻訳語に直し、それを次第に日本化していく方式を、松岡正剛は「苗代《なわしろ》」方式と呼んで、こう述べています。

「日本の稲作でとくに注目すべきことは、いったん蒔いた種を『苗』にして、それをふたたび田植えで移し替えるという方法をとっていることでしょう」

「日本の稲作は、つまり、ダイレクトに育てないわけです。そのまま大きくしていかない。いったん苗代という仮の場所に種をまいて、ちょっと育て、その苗を田んぼに移し替えて、それから本格的に育てていくんです」

「最近は、『複雑系』として世界を見るという見方も出ています。複雑系は要素の分析からは予想のつかない『創発』がおこるシステムのことをいいます。この創発は、たいてい既存のフェーズが次のフェーズに移るところに生じます」

「そこは、いわば『苗代』です」（『誰も知らない世界と日本のまちがい』春秋社）

いわば、**漢字の導入から苗代方式をつくったことで、創発が起こって仮名が生まれたということなのでしょう。**

翻訳語をつくったことで、中国語の「日本化」が進んだ

苗代方式、あるいは日本化という方法は、中国文明やヨーロッパ文明という巨大なものを日本に受け入れるときに使われた方式でした。

まったくフェーズの異なるものが入ってくるわけですから、まず**苗代に入れて育ててみて、そこそこ日本化してから田植えをします**。中国文明を中国語とともに丸々入れてしまわずに、まず苗代で手直しや日本流の育て方をほどこしてから、本格的に田植えをするのです。日本と中国を翻訳によってつなぐ、または翻訳語によって両立させる、うまい方法です。

中国語に対して翻訳語をつくりますから、少なくともその時点では一対一の対応があります。しかし言葉は生きていますから、翻訳語が広く使われていくプロセスで、違った実体も出てきてしまいます。

しょせん一つの翻訳語で外国語の意味を全体的にとらえることなど、不可能なのです。この意味で翻訳語というのは、ちょっと奇妙な言葉です。外国語に対応してつくられたのですが、まぎれもなく日本語ですし、明らかに外国語とは違う部分を持っているのです。といっても、翻訳語は普通の日本語とも違っています。こうして日本語・翻訳語・外国語の三重構造ができてしまいます。

一般的に言えば、日本語は長い歴史のなかで使われ、変化してきていますから、言葉の意味も深く多様で、光も影もある言葉だ、ということができます。これに対して翻訳語は、外国語に対してつくられた新しい言葉ですから、抽象的でかつ直截《ちょくせつ》です。

翻訳語の大きな問題点は、外国語との関係にあります。**翻訳語は、形式的には外国語と一対一の関係にあるため、あたかも外国語の文章を正確に日本語に移すことが可能なように思わせてしまう**のです。

しかし、文明の体系が大きく異なる中国やヨーロッパのものを、翻訳語を使って日本に移すことは、容易ではありません。一〇〇%正確にということであれば、不可能だといわざるをえません。

しかし、日本は中国文明を移入したとき、多数の翻訳語をつくることによって、あたかも国内に正確に移すことが可能なような状況をつくり出しました。ただ現実には、中国語を正確に日本語に移すことは不可能ですから、結局それは**中国語の翻訳語による「日本化」につながっていきました**。

日本のいたるところに「真名」「仮名」的な二重構造がある

こうして**「真名」と「仮名」の二重構造が次第にできあがっていきます**。中国的なものが「表」あるいはタテマエ。日本的なものが「裏」あるいはホンネという世界です。再び松岡正剛の説を引用しましょう。

「日本の社会や文化の奥にひそんでいるのはまさにこのような『矛盾と統合』なんです。『葛藤の出会い』なんです。和と荒、正と負、陰と陽、凸と凹、表と裏、『みやび』と『ひなび』の同居です。（略）このような矛盾したものがあわさっていく、アワセになっていく、そうやって自己同一をゆさぶっていくのが日本流なのです」

「奈良の平城京や京都の平安京は、中国の長安を真似てつくられたので、政治の中心となる大極殿は徹底して中国風でした。瓦屋根を石の柱で支え、フロアに磚《せん》というタイルを敷きつめた建物で、天皇や貴族たちはテーブルと椅子で執務をした。ところが大極殿と近接してつくられた清涼殿のほうは徹底して和様式なんですね。すなわち、白木の木造の高床式で檜皮葺《ひわだぶき》の屋根です」
「こうした和漢の絶対矛盾的自己同一化は、ずっと江戸時代後半までつづきますが、明治維新によって、洋風が全面的に入ってきたことで、和漢折衷から和洋折衷へと大きく変わります。それが現在までつづいているわけです」（前掲書）

中国式と日本式という矛盾するものを両立させ、表は漢、裏は和ということにしたのでした。つまり「真名」と「仮名」の併存です。そして、日本人は仮や裏に美を感じ、「もののあわれ」や「いきの文化」を大切にしてきたのでした。

足りないものに美を感じる「余白の美」や、あえて純白を嫌って濁手《にごしで》を大切にした柿右衛門様式など、「マイナスの美」を評価する目がそこにあるのでしょう。

飛鳥・白鳳・奈良期は、中国文明を翻訳して定着させた時代

飛鳥・白鳳時代、奈良時代は、巨大な中国文明を取り入れ、それをいわば翻訳して日本に定着させた時代でした。

七〇一年に完成した大宝律令《たいほうりつりょう》は唐の永徽《えいき》律令（六五一年）を参考にしてつくられた日本初の律令（律＝刑法、令＝その他行政法など）で、中国（唐）を基準として日本の制度を整備したのです。奈良時代の日本の首都平城京も、唐の長安を模して建造された都です。当時の日本の制度は、少なくとも表は中国式のものだったのです。

しかし八七五年の黄巣《こうそう》の乱などを契機に唐は没落局面に入り、九〇七年には滅んでしまいます。その後中国は五代十国の分裂時代に入り、再び宋によって統一（九六〇年）されるまでは混乱状態が続いたのでした。菅原道真によって遣唐使が廃止されたのは平安中期の八九四年で、唐が没落のフェーズに入った時期でした。

この時期には、空海などの活躍によって神仏習合のシステムが確立し、仏教を日本的システムの中に取り入れる仕組みができあがっていましたし、万葉集も編纂され万葉仮名もつくられていたのです。いわば、日本人のための最初の文字がつくられたのです。

平仮名も片仮名も、九世紀はじめ頃からできていたとされています。つまり、この時期は、**移入された中国文明の「日本化」が進んでいた**ということなのでしょう。

表と裏の二重構造が深化して平安的なメンタリティ「和魂漢才」が生まれた

表は中国、裏は日本の二重構造が、奈良時代から平安時代に成立した後、**平安中期になると「和魂漢才」ということがいわれ、知識は中国風でも人びとの行動や人格を示すものは「和魂」、つまり、「やまとだましい」だと考えられるようになっていきます。**

当時、万葉集に続いて古今集・新古今集がつくられますが、人びとの関心は次第に漢詩から和歌へと移り、和歌も次第に洗練されていきました。

「唐絵《からえ》」に対して日本風の大和絵が出てきたのもこの頃です。源氏物語絵巻などの絵巻物に見られるのが典型的な大和絵で、これが土佐派・狩野派などに受け継がれ、近現代の日本画にも影響を及ぼしました。

思想面でも変化が起こりました。それまで移入された仏教思想が、次第に**日本的な情緒的な無常観、「もののあわれ」などに変化していった**のです。

「もののあわれ」は仏教的な無常観を日本化したものである

平安時代の典型的メンタリティである「もののあわれ」は、もともとは仏教の無常観からきているのですが、乾いた仏教的な無常観から湿った情緒的な無常観へ次第に移っていったことは既に述べたとおりです。つまり無常観の日本化がおきたのです。

時期を同じくして、いわゆる仮名文学も成立していきます。最初に仮名で書かれたのは紀貫之の『土佐日記』ですが、その後『源氏物語』『枕草子』といった代表的な古典文学が紫式部、清少納言をはじめとする女性たちによって書かれていったのです。日本最古の物語といわれる『竹取物語』は仮名によって書かれた最初期の物語です。

こうした和歌や仮名文学によって代表される文化が「国風文化」です。遣唐使の廃止を契機に、日本の風土や生活にあった独自の文化がつくられていったわけです。片仮名や平仮名がつくられたことによって、日本人の純粋な感情が、漢字から独立して自由に表現できるようになったのです。平仮名・片仮名はともに漢字を基にして

います が、平仮名は漢字を崩したもの、片仮名は漢字の一部を取ったものです。

漢字から仮名への変換は、まさに中国語の日本語への変換であり、中国文明の日本化だったということができるのでしょう。

全体として見るならば、平安時代、とくに平安中期以降は、日本が中国離れをして、日本文明の一つの基盤を築いていった時代だといえるのでしょう。

平安期に三六〇年もの間、平和な時代が続いたというのも、日本史のなかでは江戸時代と並ぶ特徴的なことで、中国文明から離脱した国風文化がゆっくり醸成され、大きく展開していったのでした。平安時代は、日本の長い歴史の流れのなかでも特筆すべき重要なマイルストーンの時期であり、日本文明のベースがつくられた、文字どおり「平和で安らかな時代」だったのです。

遣唐使廃止で途絶えていた交流が、武家の勃興とともに復活する

日本と中国の交流は、遣唐使の廃止以来しばらく途絶えていましたが、宋の時代

（九六〇〜一二七九年）に再び深まっていきます。

日本で中国との貿易に着目したのは、平安末期の武将で平清盛の父、平忠盛です。忠盛は、いまの佐賀県の後院領《ごいんりょう》（上皇の荘園）だった肥前国神崎荘《ひぜんのくにかんざきそう》を拠点として独自に宋と交易しました。忠盛は宋からの舶来品を鳥羽上皇に進呈するなどして近臣として認められていきます。

平安末期は、天皇が位を退いて上皇（上皇が出家すれば法皇）となって若い天皇に代わって実権を握ることが続く院政の時代でした。藤原家が次第に力を失い、天皇に娘を嫁がせて権力をほしいままにした摂関政治が弱まっていったとき、天皇家に権力を取り戻そうとした動きが、天皇を経験した実力者の上皇・法皇による院政です。

ところが同時に、最初は貴族のボディガードだった武士がどんどん力をつけていったため、院政時代が終わるときは、平安時代という貴族の時代が終わり、武士の時代が始まるときでした。

その武士の権力闘争をいったん制した平清盛は、博多に日本で最初の人工港を築き、さらには摂津国の大輪田泊《おおわだのとまり》（現在の神戸港の一部）を拡張して人工島を建設しました。一一七三年三月には正式に宋との国交を開き、貿易振興に努めたのでした。

源氏が平氏を滅ぼして鎌倉時代に入ると、幕府は宋と正式な国交は持たなかったものの貿易を認め、鎮西奉行《ちんぜいぶぎょう》が博多を統治して、幕府の御分唐船《ごぶんとうせん》（幕府直営の対宋貿易船）を派遣するようになりました。日宋貿易は南宋末期までおこなわれました。元による南宋攻撃が激しくなった頃には、宋から無学祖元が来日して禅宗の普及に努めています。無学祖元は鎌倉の建長寺の住持職（住職）となり、後に円覚寺を開山《かいさん》しています。

中国から亡命してきた禅僧たちは、「文永の役」でどんな役割を果たしたか？

宋の時代には臨済宗、曹洞宗などいわゆる中国禅宗「五家七宗」、とくに臨済宗の楊岐派の祖・楊岐方会《ようぎほうえ》、黄龍派の黄龍慧南《おうりょうえなん》らが出て、その一門が中国全土で勢力を伸ばしました。曹洞宗は華北を中心に勢力を拡大し、臨済宗には遠く及ばなかったものの、元の時代には少林寺を華北の本拠とし、それなりの勢力を保っていました。

日本では、南宋にわたった栄西《えいさい》が臨済宗を持ち帰って臨済宗の開祖となり、京都に建仁寺《けんにんじ》を開山しています。曹洞宗を日本に伝えたのは道元で、大著『正法眼蔵《しょうぼうげんぞう》』でその思想を説き、越前国《えちぜんのくに》（いまの福井県）に永平寺を開山しています。

鎌倉時代には、禅宗の寺の格付である「鎌倉五山」が成立しました。五山第一位は鎌倉の建長寺で、一二五三年創建。開山したのは南宋の禅僧・蘭溪道隆《らんけいどうりゅう》で、開基（創設者）は鎌倉幕府執権の北条時頼です。五山第二位は円覚寺で、一二八二年創建。開山したのは無学祖元で、開基は執権の北条時宗です。この寺は元寇の戦没者追悼のために建てられました。

この時代、南宋から多くの僧たちが来日したのは、元（モンゴル）によって宋が滅ぼされたからで、僧たちには一種亡命者のような側面があったわけです。禅宗に深く帰依《きえ》していた時宗は、蘭溪道隆が亡くなると宋に使者を送り無学祖元を招きました。日本までもが元の脅威にさらされるようになると、**無学祖元は北条時宗のアドバイザー的な役割を果たします**。元による侵略の脅威に対して実際的な助言を求めたことも、あったかもしれません。

元からの国書が、高麗の使節の手で初めて大宰府《だざいふ》（国の九州政庁）に届けられたのは一二六八年正月で、日本に元への服属を求める内容でした。**同年三月、まだ一八歳**

という若さで第八代執権となった北条時宗は、これには返事をせず、西国の御家人たちに戦争の準備を整えさせました。

対元で国書を黙殺した時宗は、国内でも、時宗の執権就任に不満だった異母兄の時輔や、評定衆の北条（名越）時章・教時《のりとき》兄弟を誅殺《ちゆうさつ》し、『立正安国論《りつしようあんこくろん》』を幕府に提出した日蓮を佐渡に流すなど、強硬政策を断行しました。

「元寇」（元の侵攻）は、一二七四年の「文永の役」と一二八一年の「弘安の役」の二度にわたって起こっています。

文永の役では、軍船七〇〇〜九〇〇艘が一二七四年一〇月三日に朝鮮半島の合浦《がっぽ》（現・昌原市）を出航。乗船していたのは元（モンゴル）軍・漢軍・高麗連合軍の計二万七〇〇〇〜四万人規模の兵で、元軍は一〇月初めに対馬と壱岐を制圧。一〇月一六日には武士集団「松浦党」が拠点としていた肥前沿岸の平戸島・鷹島・能古島《のこのしま》に襲来し、これを制圧。

さらに一〇月二〇日には博多湾に上陸して、赤坂の戦い、鳥飼潟の戦いが起こりました。これには九州各地から集結した日本軍が大奮戦して勝利し、元軍は撤退します。

しかも夜間の撤退時に暴風雨にあったため、多くの軍船が沈没して多数の兵を失い、ようやく合浦に帰還しました。元の史料『高麗史』には元軍側の死者一万三五〇〇余という数字が見えます。

ただし、日本側が上陸した元軍側を完膚《かんぷ》なきまでにやっつけた、といった戦いではありませんでした。元軍は、副将軍の負傷を受け、このまま敵地にとどまって戦闘を継続すれば、自軍は疲弊する一方で日本軍は増強されるばかりだから得策ではない、という判断で早めに撤退したのです。その帰途に、後に日本が「神風」と呼んだ暴風でさんざんな目にあったので、暴風雨が勝敗を左右したわけではない、というのが史実とされています。

元のクビライは一二七五年、日本再侵攻の準備を進めるとともに、杜世忠を正使とする使節団を日本に寄こしました。北条時宗は使節団を鎌倉に連行し、龍ノ口《たつのくち》刑場（現在の神奈川県藤沢市片瀬）で五人の使者を斬首。元に対して断固たる姿勢を示したのでした。

クビライは、そのことを知らないまま再び周福・欒忠を正使とした使節団を日本に送りますが、時宗は博多で再び彼らを斬首しています。

日本史上最大の危機「元寇」を救ったのは、台風だけではない

一二八一年の弘安の役では、元・高麗軍は主力の東路軍四万～六万人が軍船九〇〇艘で、旧南宋軍は主力の江南軍一〇万人が軍船三五〇〇艘で、日本に襲来しました。これは、そのときまでの世界歴史上で最大規模の大艦隊です。

元軍のうち東路軍は前回同様に対馬・壱岐を攻略した後、一部は長門（現在の山口県西部）に、主力は博多に向かいました。しかし、博多湾岸には長さ二〇キロの防塁（高さ二～三メートルほどの石造りの防御壁。海側は垂直に切り立たせ、陸側は傾斜をつけて馬が駆け上がれるようになっていた）が築かれていたため、六月上旬に志賀島に上陸。日本軍はこれを海と陸から攻撃し、東路軍を壱岐島まで後退させました。

遅れた江南軍は六月下旬、壱岐島ではなく平戸島に上陸。日本軍は壱岐島の東路軍を数万の軍勢で攻撃し、これを平戸島に追いやりました。七月下旬に平戸付近でようやく合流した元軍は、鷹島に移動して日本軍との戦いに備えました。

しかし、七月三〇日の夜半に台風が襲来。軍船の多くが沈没・大破して元軍は大損害を被りました。元軍は軍議の末に撤退を決定。船が大型でもろかった江南軍は多くの軍船を失い、多数の兵が鷹島に置き去りにされて全滅しました。

結局、弘安の役も日本軍の勝利に終わり、元軍の海軍勢力の三分の二が失われ、帰還できた兵は全軍の四割以下だった、と伝えられています。日本側の捕虜となった江南軍は二～三万人以上の規模だったようです。

弘安の役の直前、北条時宗のアドバイザーだった無学祖元は、時宗に「莫煩悩」(煩《わずら》い悩む莫《なか》れ)という書を与え、さらに「驀直去」(まくじきにされ)とも伝えたといわれています。これは脇目もふらずまっすぐに行け、という意味でした。

元のクビライは、弘安の役の後も第三次日本侵攻計画を立てましたが、結局は断念し、ベトナム方面に目を転じていきました。

元寇は、日本史上ほぼ唯一といえる侵略の危機でしたが、日本が大陸と荒海を隔てていたうえに暴風雨や台風が襲ったために、独立を維持することができたわけです。

応仁の乱が中世を終わらせ、戦国時代への扉を開く

日本と中国の交流は元寇によって途絶えますが、室町時代に入ると三代将軍足利義満が明との貿易が莫大な利益を生むと考え、明の永楽帝との間で国交樹立と通商再開に合意しました。いわゆる「勘合《かんごう》貿易」です。

勘合とは、二つの札を突き合わせて本物と確認する一種の証明書。日本から明に向かう貿易船は、明の永楽帝が日本側に寄こした勘合（それぞれ異なる一〇〇枚のうち一枚）を必ず持参し、明の港の役所と北京の役所で明側が持つ札（底簿）と突き合わせます。こうして、倭寇のような密貿易船や海賊ではなく、室町幕府の正規の貿易船であることを証明したわけです。

勘合貿易は一四〇一年から一五四九年まで一九回にわたって交易がおこなわれました。足利家の後継争いなどで戦乱が続いた「応仁《おうにん》の乱」（一四六七～一四七七年）以降は、有力大名や博多・堺の有力商人たちが貿易を仕切るようになっていきました。

一〇年続いた応仁の乱で主な戦場となった京都は、炎上を繰り返し、寺社を含めて壊滅的な被害を受けて荒廃の極みに達しました。このとき古代から中世まで続いた京都中心の政権が崩壊。寺社の力も大きく失われて、各地の武装勢力が覇権を争う戦国時代に入っていきます。

国家と宗教が、いわば連携して政権を維持するというバランスも崩れます。**応仁の乱は日本の中世に終止符を打った戦乱だった**のです。また、応仁の乱は日本文明に大きな影響を与えてきた**中国との交流が下火となっていく、きっかけにもなりました**。

一四世紀以降、ヨーロッパではイタリア諸都市で始まった「ルネサンス」(ギリシャ・ローマの古典古代を再生しようという文化運動)が、「神の時代」を終わらせ「人間の時代」の幕を開けました。その後に大航海時代が始まり、日本には室町末期から戦国時代にかけてポルトガル・オランダなどヨーロッパからの宣教師たちが盛んに訪れ、ヨーロッパ文明やキリスト教を伝えました。

しかし、前に詳しく触れたように、徳川幕府は次第にキリスト教を脅威と感じるようになり、一六三六年には外国との接触を長崎の出島におけるオランダとの交流に限るなど鎖国を進めていったのでした。

江戸時代を再評価すれば、現代日本人が課題を乗り越えるヒントになる

中国、そしてヨーロッパとの交流を断った**江戸時代は、平安中期以降と同様に日本独自の文化がつくられていきました**。この時代を「第二の国風文化」の時代だといってもいいのでしょう。

応仁の乱から江戸時代にかけて近世から近代日本の基盤がつくられていきます。現在のような夫婦単位の「家族」がつくられたのもこの時代ですし、自立的な村落共同体がつくられたのもこの時代でした。

そのベースはいわゆる庶民で、庶民が小農という形で登場して、日本社会の基盤を形づくったのもこの時代でした。日本の、いわば**国民国家としてのベースが成立したのはこの時代だ**、ということもできるのでしょう。

いずれにせよ、日本という国、あるいは日本人という国民が、明確な形で中国などの影響から離れて成立していったのが江戸時代だった、ということができると思いま

す。

第一の国風文化をつくり出した平安時代と同じように、江戸時代もまた、長く安定した平和な時代だったのです。

ある意味で**江戸時代は日本の一つの完成形だった**ということができます。

江戸時代を再評価して、日本という国のエッセンスを改めて抽出することは、「成長の時代」から「成熟の時代」へという新たなステージに立たされている現在の日本人にとって、きわめて重要な課題なのではないでしょうか。

開国を推し進めたのは幕府側、天皇と薩摩長州は攘夷だった

明治維新は、幕藩体制から開国への舵を切った改革だといわれています。しかし、**鎖国から開国へとギアを入れ直したのは、幕末期の幕閣たちでした**。一八五三年のペリー来航などに触発されて、老中阿部正弘は、幕府の基本政策の方向を開国へと大きく変えていったのです。阿部に続いて堀田正睦《まさよし》も井伊直弼《なおすけ》も、開国路線を加速してい

きました。

対して開国に抵抗したのは孝明天皇であり、薩摩・長州に代表される外様藩です。**幕末のある時期までの日本国内の構図は、「開国路線の幕府と譜代大名」対「攘夷路線の天皇と外様大名」というものだった**のです。

外国勢力を排外する攘夷を主張していた薩摩藩や長州藩は、その主張に沿って攘夷戦争を列強と戦っています。薩摩藩のそれは一八六三年七月二〜四日の薩英戦争、長州藩のそれは一八六三〜一八六四年の下関戦争です。

薩英戦争のきっかけは、薩摩藩主の父・島津久光の行列をよけずに突き進んできたイギリス人を薩摩藩士が切った生麦事件でした。賠償や実行者の処罰を要求して鹿児島に現れたイギリス艦隊と薩摩藩の戦いは、三日で終わりましたが、薩摩側の損害、とくに物的損害は甚大でした。鹿児島城内の櫓《やぐら》や門などが破壊され、民家三五〇余戸、藩士屋敷一六〇余戸が焼失しています。戦いで列強の実力を思い知った薩摩藩は、それを機に開国に転じ、薩摩を攻撃したイギリスとの友好関係を深めていったのです。

長州藩が下関を通過する列強の艦船を砲撃したことで始まった下関戦争は、英仏蘭米四国の一七隻からなる連合艦隊が馬関砲台（現・下関市）を砲撃し、上陸した各国陸戦隊が占拠。長州藩もまた、この戦争で攘夷が到底不可能なことを悟り、海外から近代兵器を導入して倒幕運動を推し進め、やがて薩長同盟を結びます。

イギリスは、三〇〇万ドルという巨額の賠償金を要求しますが、長州の巧みな講和談判によって賠償金は幕府に請求され、幕府は一五〇万ドルを支払っています。残りの一五〇万ドルは明治維新後に新政府が一八七四年までに分割で支払いました。

もっとも急進的な攘夷勢力だった薩摩と長州は、列強と直接戦うことによって攘夷の無理を知り、逆に列強と急速に接近し、開国策に転じていったのです。

守旧派が開明派の幕府を倒し、開国・欧化路線を推進したのは歴史の皮肉である

かたくなな攘夷論者の孝明天皇は、幕府が外国と条約を締結することを認めず、一八六三年に攘夷勅令を出しました。しかし、薩英戦争・下関戦争が薩長の敗北に終わり、一八六五年に各国が艦隊を大坂湾に入れて兵庫開港を要求すると、やむなく安政五カ国条約を勅許するにいたりました。

翌六六年に孝明天皇は三六歳の若さで崩御しました。天然痘とされていますが、一部には毒殺説も流れました。公武合体論を支持し、幕府との融和に努めた孝明天皇に反発した岩倉具視《ともみ》ら倒幕派が動いたのではないかとの憶測がありますが、はっきりしません。

こうした経緯のなかで、日本は開国へと大きく動き出します。西郷隆盛は明治維新後に、「攘夷は幕府を倒す口実にすぎなかった」と述べた、と伝えられています。そうであったとしても、攘夷運動が反幕府の大きなエネルギーを生み出し、それが倒幕を後押ししたことはたしかでした。

攘夷論だった孝明天皇も薩長も開国に方向転換したことは、**幕府の開国路線が適切だった**ことの証明でもあります。つまり、**開明派は幕府側で、守旧派は天皇や薩長という構図だった**わけですが、結局、その幕府は守旧派に倒され、しかも政策的には幕府の開明的な方針が受け継がれていったのです。

歴史の皮肉というか、歴史の逆説というのか、多くの日本人の心の中にはいつも、ある意味での「鎖国願望」がある、といえるのかもしれません。

いずれにせよ、倒幕から明治維新をへて、日本は欧化政策へと大きく傾いていきます。とくに一八七九年に井上馨が外務卿になり、さらに内閣制度の発足で一八八五年に初代外務大臣になると、井上は不平等条約撤廃のために欧化政策を徹底的に進めました。一八八三〜一八八八年は、いわゆる「鹿鳴館時代」です。鹿鳴館ではしばしば夜会・舞踏会・高官婦人らによる慈善事業などがもよおされ、世間の注目を集めました。

日本の独自性は全否定され、「自由」「権利」という翻訳語が生まれる

欧化、あるいは近代化・産業化は明治政府の基本政策であり、それを加速させて**富国強兵・殖産興業を実現し、欧米による植民地化を防ごうとした**のです。当時、**アジア諸国は軒並み欧米の植民地となってしまい、結果的に植民地化を免れたのは、事実上、日本だけでした**。鹿鳴館はそんな新政府の象徴の一つでした。

鹿鳴館が象徴する欧化政策は、福沢諭吉ら当時の啓蒙思想家も強く推進しました。福沢は著書『文明論之概略』で日本を「半開の国」と決めつけ、「今、世界の文明を

論ずるに、欧羅巴《ヨーロッパ》諸国並に亜米利加《アメリカ》の合衆国を以《もっ》て最上の文明と為し、土耳古《トルコ》、支那、日本等、亜細亜の諸国を以て半開の国と称し、阿弗利加《アフリカ》及び墺太利亜等を目して野蛮の国といい……」と書いています。

こんな主張を読むと、福沢諭吉という人は、筆者には、浅薄な「進歩的」文化人のように思われるのですが……。

もっとも、これは福沢だけの問題ではなく、明治の日本、あるいは明治以降の日本では、多くの人びとが抱いていた当たり前の認識でした。**日本のユニークさは、日本の遅れと認識され、明治に先立つ江戸の文化は全否定されてしまった**のです。

こうした歴史観は、ごく最近までかなり一般的なものでした。大正から昭和にかけて影響力を強めていったマルクス主義的な歴史観でも、アジアや日本は欧米に遅れた前近代的な半封建国家とされていました。

ようするに、**日本が古代に中国文明を受け入れたときのように、欧米文化が表の正当なものとされ、日本文化は裏に回ってしまった**のです。

明治時代も、仏教伝来の前後と同じように、次々と翻訳語がつくられました。ですから**日本語は、伝統的な大和言葉、中国渡来の言葉、ヨーロッパ語からの翻訳語とい**

う三層構造になっていったのです。

「自由」「社会」「理性」「権利」「自然」は、いずれも明治初期に新しく登場した翻訳語です。いうまでもなく自由は liberty、社会は society、理性は reason、権利は right、自然は nature の翻訳です。

英語からの翻訳に大和言葉は使われず、かつて渡来した中国語、つまり漢字が使われたことも、当然とはいえ興味深いことです。西洋語（の概念）を日本人が自分のものとして理解したいとき、千数百年前に入ってきたとき翻訳しなければならなかった漢字で翻訳しているわけです。翻訳の翻訳ですから、伝言ゲームのような問題が生じるのは当たり前。日本人は「自由」とか「権利」という言葉を本当に理解しているのかと思うことが、現在でもしばしばあるのは、そんな事情によるのでしょう。

福沢諭吉や西周《にしあまね》をはじめ当時の知識人たちは、この種の翻訳語を盛んにつくりました。philosophy を哲学と翻訳したのは西周。philosophy はラテン語では「愛知学」、つまり知を愛する学問を意味しますが、どうも愛は具合が悪いと「哲学」という言葉をつくり出したのです。そもそも哲学とは何なのか、翻訳語を見ただけではさっぱりわかりません。

明治から昭和中期は、政治と宗教のバランスを崩した「異常な時代」だった

こうした明治の欧化政策が大きな曲り角を迎えるのは、明治の中期以降です。つまり、一八九四〜一八九五（明治二七〜二八）年の日清戦争、一九〇四〜一九〇五（明治三七〜三八）年の日露戦争の後だ、ということができるのでしょう。

すでに衰亡期に入って各国から侵略されていた清（中国）はさておき、ヨーロッパの大国ロシアに極東の新興国・日本が勝利したことは、世界には大きな驚きでした。ロシアのロマノフ王朝が末期だったこと、アメリカの仲介で戦争を一年で終了できたことは、日本の実力を割り引かなければならない点ですが、勝ちは勝ちです。**二つの戦争の勝利は、明治維新以来、力を注いできた欧化政策や富国強兵政策の成功を意味していました。**

しかし、**両大戦の勝利は日本に過大な自信をつけさせ、大正デモクラシーの時代をへて昭和に入った日本は、悪しき「日本化」の道を歩み始めた**のでした。

昭和になって暗転したと思われがちな日本の歴史ですが、その**前兆が明治の時代にあった**ことは、しっかり認識しておくべきでしょう。作家の司馬遼太郎は『「明治」という国家』（日本放送出版協会）で、「明治という時代」を賛美し、統帥権の拡大解釈などによって昭和の暗転が起こったとしていますが、筆者はそうは思いません。

明治維新から第二次世界大戦の終了まで、日本は一つの時代の流れの中にありました。明治と昭和に大きな不連続などはありません。**明治から昭和中期までをまとめて、長い日本の歴史のなかで「異常な時代」だった**、と考えるべきではないでしょうか。

大日本帝国憲法に見られるように天皇を「神聖化」「神格化」し、神道を国の宗教としたときは、日本の歴史上、この時代しかありません。

明治維新までの日本は神仏習合の世界でしたし、天皇もほとんどの時代を通じて権力を持たない権威であり続けました。つまり、**天皇はずっと日本の象徴だった**のです。

それに大きな変更を加えた明治時代は、帝国主義化する世界でやむをえない部分もあったのでしょうが、**日本の政治と宗教の微妙なバランスを崩し、日本の平和の基盤を揺るがしてしまった**のではないでしょうか。昭和は、そんな明治の延長線上にありました。

明治国家を清廉と見る司馬遼太郎の歴史観は間違っている

それまで権威の象徴であった天皇が一気に絶対的な統治者となり、しかも統帥権を持つ日本軍の最高指揮者となってしまったのです。これは、まさに天皇を頂点とする日本の帝国主義化でした。

満州事変から第二次世界大戦（太平洋戦争）にいたる昭和の戦争は、しばしば軍の暴走によって引き起こされたとされていますが、その**流れの原点には「明治という国家」があった**ことは、はっきり認識されなくてはならないのでしょう。

司馬遼太郎のように**「〝明治国家〟は清廉で透きとおったリアリズムをもっていた」と考えることは、大きな誤解だ**といわざるをえません。

司馬の小説『坂の上の雲』は、自らを世界に打って出る国家と同一視し、国の一分野を担う強い気概を持って生きる明治の青年像を描きました。しかし、明治時代は国の形を定める最高法規の憲法すらも、一八八九（明治二二）年公布、一八九〇（明治二三）年施行と、明治四五年間の折り返し地点まで持つことができなかった「混乱の時代」でした。

明治初期に各地で頻発《ひんぱつ》した学校打ち壊しにせよ、西南戦争をはじめとする士族反乱にせよ、清廉や透きとおったなどとは到底いえない、どろどろした明治国家の象徴でしょう。そこに目を配らない「司馬史観」を、私はあまり信用していません。

日本は、明治期に日清・日露両戦争に勝ち、昭和期に第二次世界大戦に大敗北を喫しました。その間に革命が起こったわけでも、大きな政治変革があったわけでもありません。明治の欧化政策と帝国主義化が昭和に入って明確になってきただけでしょう。

昭和に入って軍が暴走し、内閣にも止められなかったのは、天皇に統帥権を持たせてその絶対的な統治を認めた明治という国家の、当然の帰結ではなかったでしょうか。

第7章

なぜ日本は、世界トップの健康な国になったのか？

世界中で大ブーム！長寿の秘訣と注目される日本料理と食材

多くの日本人は気づいていないようですが、おそらく日本人は、**世界でもっとも健康な国民**でしょう。

日本の女性の平均寿命は八六・四一歳で世界ナンバー1（震災の影響で前年に香港に譲り渡した世界一位の座に返り咲いた）。男性は七九・九四歳で世界ナンバー5（人口三〇〇〇万人以上の国ではナンバー1）（以上は厚生労働省「平成23年簡易生命表」データによる）。世界保健機関（WHO）の「世界保健統計2013」を見ても男女を問わない日本人の平均寿命は八三歳で一九四か国中一位ですが、一人あたりGDPが大国では世界一のアメリカ（日本は第二位）は、平均寿命が七九歳ですから、日本より四歳も短いのです。

日本人が長生きする大きな理由の一つは食生活だ、といわれています。**魚と米を中心とする食事は健康にとてもよい**、ということなのです。寿司や日本食は、いまや世

【図14】主な国の平均寿命の年次推移

日本の女性は0.51歳延びて86.41歳、男性は0.50歳延びて79.94歳に。

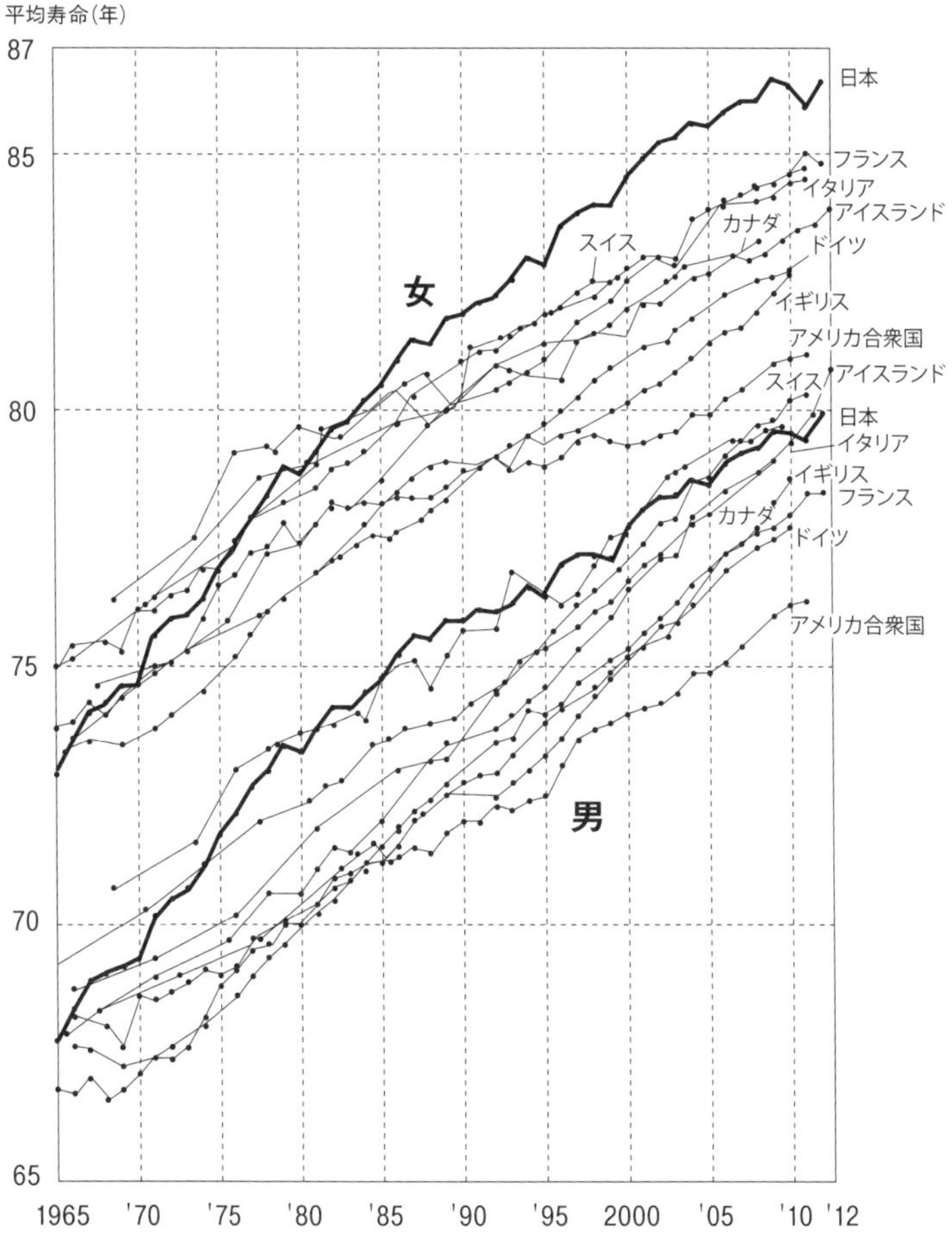

出典：厚生労働省「2012年簡易生命表」、UN「Demographic Yearbook」ほかより編集部作成

世界各国の順位：女性は、1位日本、2位スペイン(84.97歳)、3位フランス(84.8歳)、4位スイス(84.7歳)、5位韓国、シンガポール(ともに84.5歳)。男性は、1位アイスランド(80.8歳)、2位スイス(80.3歳)、3位イスラエル(80.0歳)、4位シンガポール(79.9歳)、5位日本（注：上のグラフにない国も含む）

界的なブーム。ニューヨークやパリには寿司店が多く、日本料理店も急増しています。そのキーワードは「健康」です。珍しい異国趣味からではなく、健康によいからウケています。

寿司や和食だけでなく、日本の食材も世界ではたいへん人気が高く、イタリア料理や北欧料理などにどんどん取り入れられています。ニューヨークで大人気の「ジーン・ジョーンズ」や「アクアヴィット」といったレストランのメニューを見ると、日本の食材や日本料理の技法のオンパレードです。

ちなみに「Kobe Beef」は、いまやアメリカでも高級牛肉の代名詞になっています。二〇〇六年に当時の小泉純一郎首相が訪米したとき、ホワイトハウスの晩餐会でビーフステーキが供され、メニューには神戸牛（Kobe Beef）と書いてありました。

もっとも、メニューを説明したバーバラ・ブッシュ夫人に「この神戸牛は、どこからきたのですか」と尋ねた人があって、夫人は「もちろん、テキサスです」と誇らしげに答えたそうです。大統領夫人は、神戸が日本の地名だということを知らず、高級牛肉のブランド名だと思い込んでいたのでしょう。

「Wagyu」（和牛）もまた、高級な肉の代名詞になっています。筆者がシンガポールを訪れてレストランに入ったら、メニューに和牛ステーキとありました。筆者が「この和牛はどこの産か」と聞いたら「オーストラリアです」という答え。「和牛は日本の牛のことだよ」と言ったら、さすがにむこうもプロです。「オーストラリアで日本の和牛を育てているのです」と答えました。

肥満度となって表れるファストフードとスローフードの大きな違いとは？

図15は先進国の肥満度ランキング（OECD Health Date 2012より）です。**日本は肥満の人の割合が三％台で先進国では最低です。**国民が日本並みに太っていないのは韓国くらいです。

肥満の人が世界でもっとも多いのはアメリカで日本の一〇倍以上。メキシコやチリを除けばイギリス、オーストラリア、ニュージーランドなどアングロ・サクソンの国が目立っています。

メキシコやチリも含めて、肥満国は牛肉の一人あたり年間消費量が多いようです。

牛肉消費量はアメリカが三七・九キロで世界四位、オーストラリアが三五・一キロで六位、カナダ七位、ニュージーランド八位、カザフスタン九位、チリ一〇位など（二〇一一年データより）。

もっとも、牛肉の消費量がアメリカより多いウルグアイ、アルゼンチン、さらに三位のブラジル、五位のパラグアイなど南米各国は肥満国ではありませんから、肉の食べ方や肉以外の牛乳・バターなどの摂取量、あるいはその他のファクターにもよるのでしょう。

ちなみにグルメ大国といわれるフランスやイタリアの肥満度は先進国では下位にランクされ、アングロ・サクソンの国と対照的です。ワインに関係があるのかもしれませんが、おそらくはファストフードとスローフードの差ということなのでしょう。

同じように豊かな先進国でも、ハンバーガーやフライド・チキンなど注文するとすぐ出てくる手軽なファストフードを大量に食べる国と、日本料理・フランス料理・イタリア料理などスローフードを食べている国では、大きな違いが出てきているのです。

なかでも刺身や焼き魚などの魚が中心で、油を使って炒めるということをあまりせず、生または、もともとの素材に近い状態で食べるものが多い日本料理は、健康にい

日本は、肥満の割合が先進国では最も少ない

【図15】先進国の肥満度ランキング

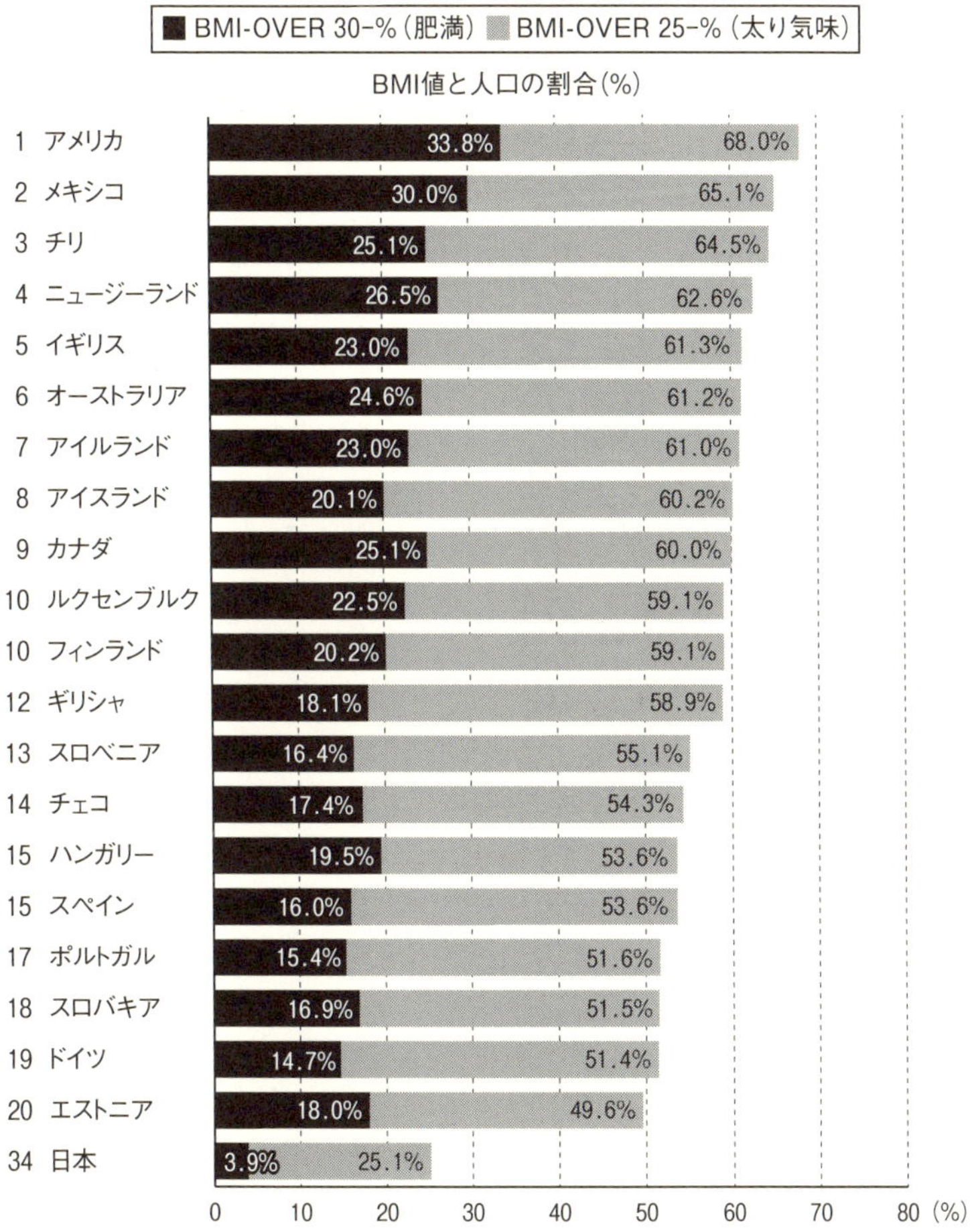

出典：OECD Health Date 2012より編集部作成

肥満の人がもっとも多いのはアメリカで日本の10倍以上。
ほかにもアングロ・サクソンの国が目立っている。

日本は肥満の割合が3%台で先進国では最も少ない。

いということなのでしょう。

もちろん、**平均寿命は豊かさ、たとえば一人当たりＧＤＰと相関関係があり、だいたい比例しています**。図16のように、先進国は高所得で寿命が長く、発展途上国、とくにアフリカ諸国などは低所得で寿命が短くなっています。

新興市場国では中国やベトナムが比較的長寿なのは、やはり食生活と関係があるのでしょう。韓国は、肥満度は日本と同じくらいなのに、平均寿命がアメリカ並みに短いのは、どういうわけでしょうか。

大航海時代以降の世界史は、「動物文明」が「植物文明」を圧倒した時代だった

文明や歴史を自然環境との関係から考察する「環境考古学」を提唱した地理学者の安田喜憲は、ユーラシア大陸の文明を「稲作漁撈文明」「畑作牧畜文明」「遊牧文明」の三つに分類しました。

海のアジアを考えると「海洋文明」が加わりますが、ユーラシア大陸の農業に注目

平均寿命は豊かさと相関関係がある

【図16】平均寿命と1人あたりGDP

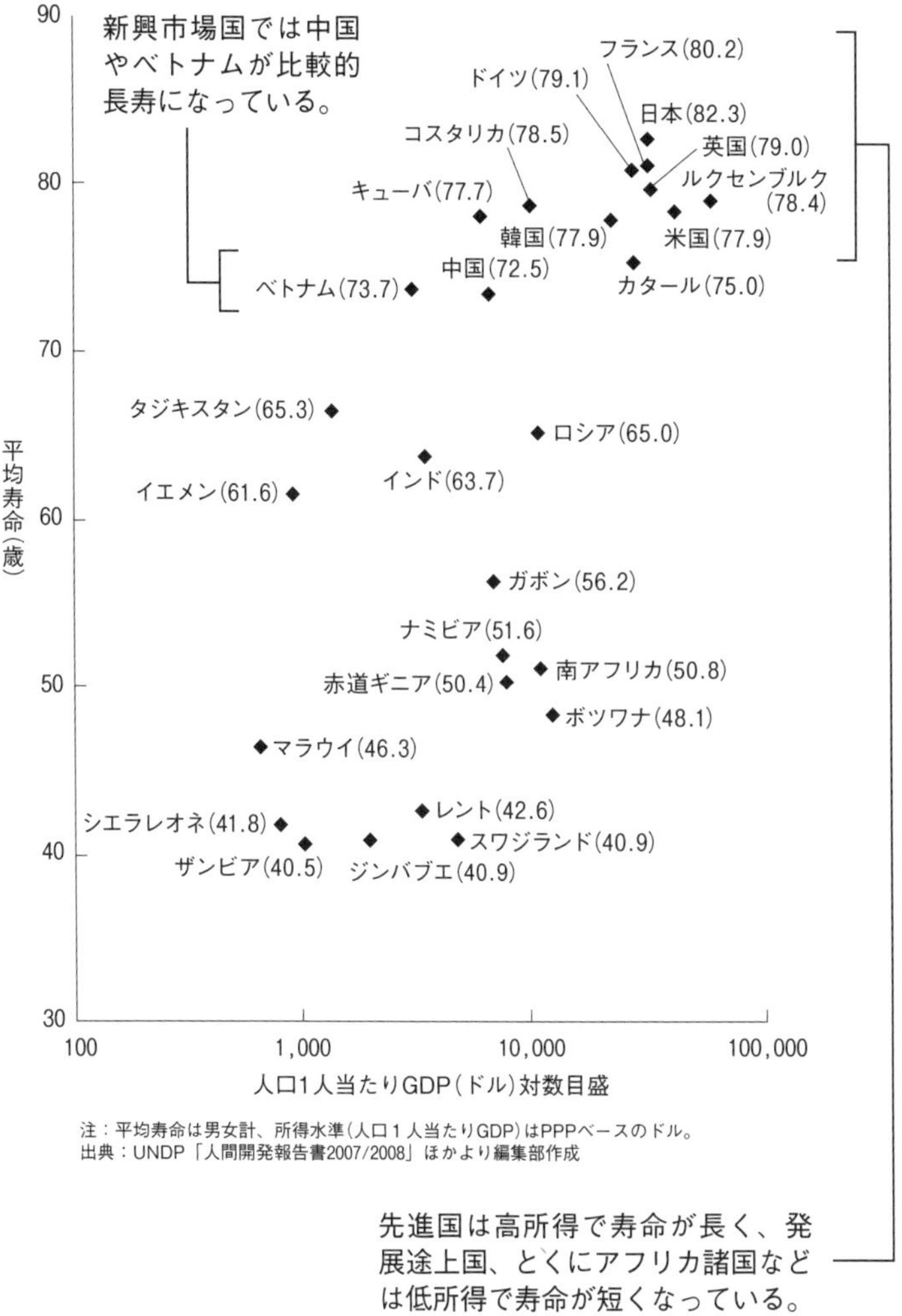

注：平均寿命は男女計、所得水準(人口１人当たりGDP)はPPPベースのドル。
出典：UNDP「人間開発報告書2007/2008」ほかより編集部作成

平均寿命は、１人当りＧＤＰと相関関係があり、ほぼ比例している。

すれば、基本的には稲作か畑作かの二つ、ということになります。

いわゆる四大文明（エジプト・メソポタミア・インダス・黄河文明）は、いずれも畑作文明で、牧畜や遊牧との関係がありました。

安田喜憲は、**「家畜の民、牧畜民や遊牧民との文明接触の下に発展した」これらの文明を「動物文明」と呼びます**。そのなかからギリシャ・ローマ文明、近代ヨーロッパ文明、さらにはアメリカ文明が生まれてきたわけです。私たちがこれまで「文明」と呼んできたもののほとんどは、「動物文明」に含まれてしまいます。

これに対して**牧畜民や遊牧民との文明接触を受けなかったところは、まったく異質な文明が育っていった**、というのが安田の重要な指摘です。

具体的には長江文明、縄文文明、マヤ文明、アンデス文明などで、これらの文明は、**米・トウモロコシ・ジャガイモなどを栽培し、主たるタンパク源を魚に求めました。安田はこれらの文明を「植物文明」と呼びます**。

そして、一六世紀前後（大航海時代）以降の世界の文明は「動物文明」が中心となり、「植物文明」は片隅に追いやられてしまった、というのです。つまり、畑作牧畜文明と小麦文化が稲作文明と米文化を圧倒したのが近代だった、というわけです。

安田は日本の縄文文明と長江文明を対応させていますが、縄文時代は必ずしも本格的な稲作漁撈文明ではありませんでした。安田によれば縄文期は「半栽培漁撈文明」です。縄文文明はいわば森と海の文化で、森のドングリ・クリ・クルミ、山菜、イノシシなどの動物に加えて、海の魚介類が主たる食物でした。

注目すべきは、日本の気候・地理的特徴から、**日本では牧畜文明が育たなかったこと**です。縄文後期になると稲作が緩やかに拡大していきます。安田は稲作の導入が弥生時代を生んだという通説を否定します。森と海の国、日本の原型は縄文時代にできて、それは決して変わらなかったというのです。

縄文文化が日本のプロトタイプで、稲作の導入によって一気に弥生時代が生まれたわけではないにせよ、稲作の導入が、縄文時代の日本を次第に大きく変えていったことはたしかでしょう。

天皇を中心とするシステムの基盤となっていった、「祈り」と「稔り」

稲作は、半栽培（放置的な栽培）や漁撈と違って、収穫を得るまでにかなりの月日がかかります。するとその間、豊作を祈ることが重要になってきます。小正月《こしょうがつ》に豊作を祈って一年間の農作業や秋の豊作を模擬的に実演する農耕儀礼の「予祝《よしゅく》」の祭りもその一つです。

気候によって収穫量は大きく違いますし、天変地異も起こります。いまのような科学や技術は何一つない時代ですから、人びとは祈らざるをえません。そこでは「祈《い》り」や「稔《みの》り」が文化を支える重要な要素になってきます。

稲作が本格化する弥生時代には、大陸から鉄器が入ってきます。鉄器は農耕具や工具としても使われますが、戦いのための強力な武器でもあります。稲作と鉄器の導入によって次第に日本が統一され、国家としての形をなしていきます。

こうして七世紀から八世紀にかけて天皇を中心とした日本の国が完成します。**その**

二つの柱は稲作と鉄器だった、ということができるのでしょう。武力によって統一した後は、祈りと稔りを儀式化して権威の象徴にしていく必要がありました。

たとえば、天皇システムの中心の一つには大嘗祭《おおにえのまつり》という精緻に仕組まれた儀式がありました。

天皇が即位した後でおこなわれる大嘗祭は、宗教官僚の「神祇官」と政務官僚の「太政官」がかかわる、政治と宗教を一体とした国家的行事でした。四月に新穀《しんこく》（新米）を用意する二つの地域を選び、一〇月下旬の禊《みそぎ》の儀式などをへて、一一月卯の日の夜から翌日明け方まで、悠紀殿《ゆきでん》・主基殿《すきでん》の儀をおこないます。これは、天皇が皇祖神に供えた新米を神とともに食べる儀式です。

古代の収穫祭から生まれてきた大嘗祭は、天皇制の基本を形づくる重要な要素の一つでした。天皇の即位後の大嘗祭は現在でも続いており、毎年の勤労感謝の日には、大嘗祭の簡易版である「新嘗祭《にいなめさい》」が宮中祭祀としておこなわれています。

日本文化のユニークさは、独自に発展した稲作を見るだけでもわかる

安田が述べる稲作文明圏とは、具体的には日本・韓国・中国南部・東南アジア・バングラデシュ・スリランカなどです。

日本以外で日本型の灌漑《かんがい》移植型稲作（水田に若い苗を移植＝田植えする）が見られるのは中国南部の揚子江沿いだけです。その他の地域では、ベトナムでは山林を焼いて籾《もみ》をまく「焼畑型」や、タイではデルタ地帯に籾を深めにまいて水牛を放牧し、雨期が本格化すると水位が腰ほどの水田となる「浮稲型」など、日本とはまったく異なる農法が見られます。

日本文化が、中国や東南アジアなどと共通性を持ちながらも、かなりユニークなのは、この日本型の稲作が、技術水準の高い、かなり特殊なものだったことによるのでしょう。

食生活の主役が主食の米・小麦ならば、もっとも重要な脇役、いや、むしろ主役の

相手役は香辛料と「だし」ではないでしょうか。

畑作牧畜文明のだしは主として肉の煮出し汁、つまりフォンやブイヨンです。稲作漁撈文明の日本のだしは鰹と昆布など海産物の煮出し汁です。実は、稲作をしている韓国や中国南部でもだしの中心となるのは肉なのです。この点では、**海産物中心である日本のだしはかなりユニークで、四方を海に囲まれた島国ならでは**です。

鰹の煮出し汁が日本の歴史に初めて登場するのは八世紀初頭で、昆布もほぼ同時期から使われていたようです。『日本書紀』の続編である『続日本紀《しょくにほんぎ》』によれば、七二〇年頃には昆布の記述が見られます。

地域的には関東は鰹節、関西は昆布と、少なくとも戦前までは、かなりはっきり分かれていたようです。鰹は南洋から上ってくる回遊魚ですから、日本海では獲れません。昆布は主として北海道産で、北前船《きたまえぶね》によって日本海沿岸から関西に持ち込まれました。だしの違いが、うどん・そばのつゆに象徴される東西の食文化の違いをもたらしたのです。

だしの旨味成分（旨味物質）は、鰹節がイノシン酸とごく少量のグルタミン酸、昆布がグルタミン酸で、昆布はイノシン酸を含みません。

ここが、日本のだしが海外のフォンやブイヨンなどと大きく異なるところです。たとえば牛のすね肉や鶏ガラには、グルタミン酸とイノシン酸が二〜一・五対一の割合で含まれています。だからヨーロッパや中国のだしは、もともとグルタミン酸とイノシン酸の混合物です。**日本のだしは、グルタミン酸とイノシン酸が別々なので、混合率を変えられますから、日本のだしのほうが微妙な味を出すことができます。**

ところで、いわゆる旨味はグルタミン酸とイノシン酸が相互作用することによって引き出されますから、鰹節と昆布を併用する必要があります。おもしろいのは醤油がグルタミン酸を大量に含むことで、鰹節と醤油を合わせると飛躍的な相乗効果が生まれます。だから、炊きたてのご飯に鰹節をかけて醤油をたらすとおいしいのです。醤油がなければ、鰹節とご飯がどんなによいものでも旨味は出ない、というわけなのです。

よく知られている「味の素」は、昆布の旨味成分であるグルタミン酸を化学的に抽出してつくった調味料です。発売は一九〇八年と古いのですが、鰹節の旨味成分であるイノシン酸の工業化は難しく、ようやく一九六〇年に実現しました。それでも単体として市販することが難しく、グルタミン酸、琥珀《こはく》酸（貝類の旨味成分）と混合したものが流通しています。現在の味の素には、昆布・鰹節・しいたけの旨味成分が入っています。

おいしいものを食べたい、だけど健康でいたい人の願いに応える和食

辻静雄は、日本割烹学校の校長・辻徳光の娘・勝子と結婚し、本格的にフランス料理を研究して現在の辻調理師専門学校をつくった料理研究家で、フランス料理や日本料理研究で有名です。その辻静雄夫妻がフランスを食べ歩く旅行に出たときのこと。

フランス全土を回り、ポール・ボキューズを始めフランスの名店を食べ歩いた九週間の旅の終わり頃、二人はくたびれ果ててしまいました。静雄が「おい、だいじょうぶか」と声をかけると、ベッドにうつぶせに倒れた妻は「何とか生きてるわ」といったそうです。

グルメ道を極めた静雄はだんだん太っていき、最後には肝臓を悪くしてしまい、一九九三年に六〇歳の若さで亡くなりました。

おいしいものを求めることは、辻静雄のみならず、多くの人間に共通した行動なのでしょう。しかし、それがいきすぎると、人間は肥満に悩んだり、肝臓を壊したりしてしまいます。オベシティー（肥満）はアメリカの最大の病気といわれており、すでに見たように世界一の肥満国アメリカでは国民の三割以上が肥満に悩んでいます。アメリカの肥満は辻静雄のような過度の美食ではなく、ファストフードの食べ過ぎによるものですが、どちらも本質的には同じものといえないこともありません。

おいしいものを食べたい。でも健康でいたい。そんな人びとの欲求のなかで注目されてきたのが、寿司であり日本食です。ニューヨークやパリには寿司レストランが数え切れないほどあります。

松久信幸が経営するレストラン「ノブ」はニューヨーク・ロンドン・ミラノをはじめ世界に二一店舗を擁し、創作日本料理を供しています。和久田哲也がオーナーシェフを務めるオーストラリア・シドニーの「テツヤズ」はジャパニーズ・フレンチを供する世界的に有名なレストランです。もちろん、才能にめぐまれ経営のセンスもあるオーナーシェフがいればこそ、世界的なレストランになったのでしょうが、背景には寿司や日本料理の世界的なブームがあったことは間違いないのでしょう。

寿司の名店に東京・銀座の「すきやばし次郎」があります。アメリカの映画監督デヴィッド・ゲルブは、日本の寿司職人のドキュメンタリーを撮ろうとして来日。さまざまな寿司屋を食べ歩いた末にこの店にいきつき、二〇一一年に映画『Jiro Dreams of Sushi』（邦題＝二郎は鮨の夢を見る）をつくって全米で大絶賛されました。

ゲルブ監督は、店主・小野二郎の握る寿司のうまさに感動しただけでなく、二郎の寿司に対する姿勢を見て、この人こそ映画のデータそのものであると思った、といいます。「素晴しい寿司をつくりだすだけではなく、彼が八五歳（当時）でありながらもいまだ現役で働いているということ、そして息子たちが彼のために働いているという事実に興味を持ったのです」と述べています。

映画のおかげで「すきやばし次郎」に外国からの客が急増し、予約が取りにくくなってしまったのは、古くから顔を出している筆者にとっては、うれしく誇らしいと同時に、ちょっと残念なことです。

二〇一四年四月には、来日したアメリカのオバマ大統領を安倍首相が「すきやばし次郎」でもてなし、ますます入りにくくなってしまいました。

日本料理ほど多種多様な食材を使う料理は、世界に例がない

二〇一三年には和食がユネスコの世界無形文化遺産に登録されました。寿司や日本料理の世界的なブームは、筆者には、むしろ遅きに失した当然のことと思われます。というのは、**日本料理ほど多種多様な四季折々の食材を使う料理は、世界広しといえどもほかに例がない**からです。

すでに詳しく述べたように、日本は明確な四季のある豊かな森と水の国で、世界でもっとも豊かな海に囲まれています。そのすばらしい自然が、世界のどこの国にもないきわめて多種多様の食材を生み出してくれました。

篆刻《てんこく》・絵画・陶芸・書道・漆芸《しつげい》などをものした芸術家であり、料理家や美食家でもあった北大路魯山人《きたおおじろさんじん》は、初めてフランスを訪問したとき「フランス料理は美味しいと有名だが、食材が貧しい国でいくら料理をしても美味しくするのには限度がある」といった、と伝えられています。**日本の食材の多様さ、あるいは広さ・深さは、グルメ**

王国のフランスやイタリアと比べても飛び抜けたものだということができるのでしょう。

世界で脚光を浴びる日本料理、欧米料理の「日本化」も始まった

東京・築地の魚市場は外国人の東京ツアーにも組み込まれているようですが、世界の料理人にとって築地はたいへんな場所のようです。ニューヨークの名レストラン「ブラッスリー・レアール」の総料理長アンソニー・ボーデインは、一九九九年に日本を訪れ、築地市場の豊富な食材に衝撃を受けたと、雑誌のインタビューで語っています。

「我々は日本からSUSHIという素晴らしい食文化を輸入し、カリフォルニアロールなど新しい料理が生まれた。生の魚はデザイナブル。ニューヨークのシェフたちはさらに腕を磨くことになった。アメリカ人の魚の質を見極める目と舌が肥えて、ニューヨークのレストラン全体の魚の質がグンとあがったんだ」

日本の魚の豊かさは、欧米の料理人にたいへんな驚きを与え、それが少しずつではありますが、欧米の食文化を変えはじめています。ニューヨークやパリのシェフも鰹節や昆布だしを使っているといいます。「ノブ」や「テツヤ」など日本料理の海外進出にとどまらず、欧米料理の「日本化」が始まってきたわけです。

かつて日本の料理人たちはフランスやイタリアで盛んに修業し、本物のフランス料理やイタリア料理を日本に持ち帰りましたから、東京のフレンチ・レストランにはパリのレストランにもひけをとらない店が少なからずあります。しかし、いまや**欧米の料理人たちが日本料理に学び、日本の食材を彼らの料理に取り入れる時代になってきたのです。**

世界的レストランガイド『ミシュランガイド２０１３』によると、東京の三つ星レストランは一四軒で、うち四軒が寿司店、八軒がふぐ・てんぷらなどを含む日本料理店です。ミシュランが推すフランス料理店はわずかに二軒で「ジョエル・ロブション」と「カンテサンス」だけです。もちろん「すきやばし次郎」は三つ星寿司店の一つです。

東京の二つ星レストランは五三軒で、寿司六軒、ふぐ二軒、天ぷら二軒、日本料理店二九軒です。小野二郎の次男の小野隆士が仕切る「すきやばし次郎六本木」も二つ星です。フランス料理は一二軒、中華料理が一軒、韓国料理が一軒ですから、さすがのミシュランも寿司や日本料理のすばらしさを認めざるをえないといったところなのでしょう。『ミシュラン』に載るということは、外国人たちが寿司や日本料理に強い興味を持っていることの反映なのです。

寿司や日本料理ブームに乗って、日本酒も世界で脚光を浴びています。日本国内では焼酎やワインに押されて消費が減ってしまいましたが、外国では、日本料理にはサケという人たちが増えています。

山口県岩国市周東《しゅうとう》町の旭酒造がつくる日本酒「獺祭《だっさい》」はニューヨークやパリなどに輸出しており、獺祭蔵には毎年三〇人以上の外国人が酒造りを学びに訪れているそうです。

日本人が健康でいられるのは、こんな経済的理由が大きい

日本人の健康は主として食生活がもたらしたものですが、それをさらに向上させる背景として、**比較的平等な所得分配と日本人全員をカバーする健康保険制度がある、**と筆者は考えています。

所得分配の公平さを測る指標には、ジニ係数や相対貧困率があります。図17は一九九〇年代後半のデータですが、日本はジニ係数三一・三八、相対貧困率一五・二五でした。アメリカよりは平等ですが、ヨーロッパの独・仏・ベネルクス三国あたりと比べるとかなり不平等でした。日本の平等度はイタリアやスペイン並みといったところです。

二〇〇〇年代半ばのデータでは、相対貧困率は一四・九とアメリカの一七・一について高く、ヨーロッパ諸国やオーストラリア・カナダをかなり上回っています。

こうしたデータによれば日本はかなり不平等な国ということになります。森永卓郎

所得分配は公平か

【図17】OECD諸国の所得格差（ジニ係数と相対貧困率）

国名	ジニ係数	相対貧困率
オーストラリア	30.5	11.2
オーストリア	25.19	9.29
ベルギー	27.16	7.76
カナダ	30.09	10.34
チェコ	25.96	4.25
デンマーク	22.48	4.32
フィンランド	26.1	6.36
フランス	27.3	7.04
ドイツ	27.75	8.89
ギリシャ	34.47	8.89
ハンガリー	29.34	8.2
アイルランド	30.37	15.4
イタリア	34.71	12.9
日本	31.38	15.25
ルクセンブルク	26.06	5.46
メキシコ	47.97	20.26
オランダ	25.06	6
ノルウェー	26.1	6.33
ニュージーランド	33.67	10.4
ポーランド	36.74	9.35
ポルトガル	35.61	13.67
スペイン	32.91	12.1
スウェーデン	24.28	5.25
スイス	26.66	6.74
トルコ	43.91	15.88
イギリス	32.56	14.42
アメリカ	35.67	17.09

注：表はOECDが1990年代後半の状況について調べたもの

アメリカよりは平等だが、ヨーロッパの独・仏・ベネルクス三国と比べるとかなり不平等。

【図18】2000年代の相対貧困率

所得の分布における中央値の50%に満たない人々の割合（%）

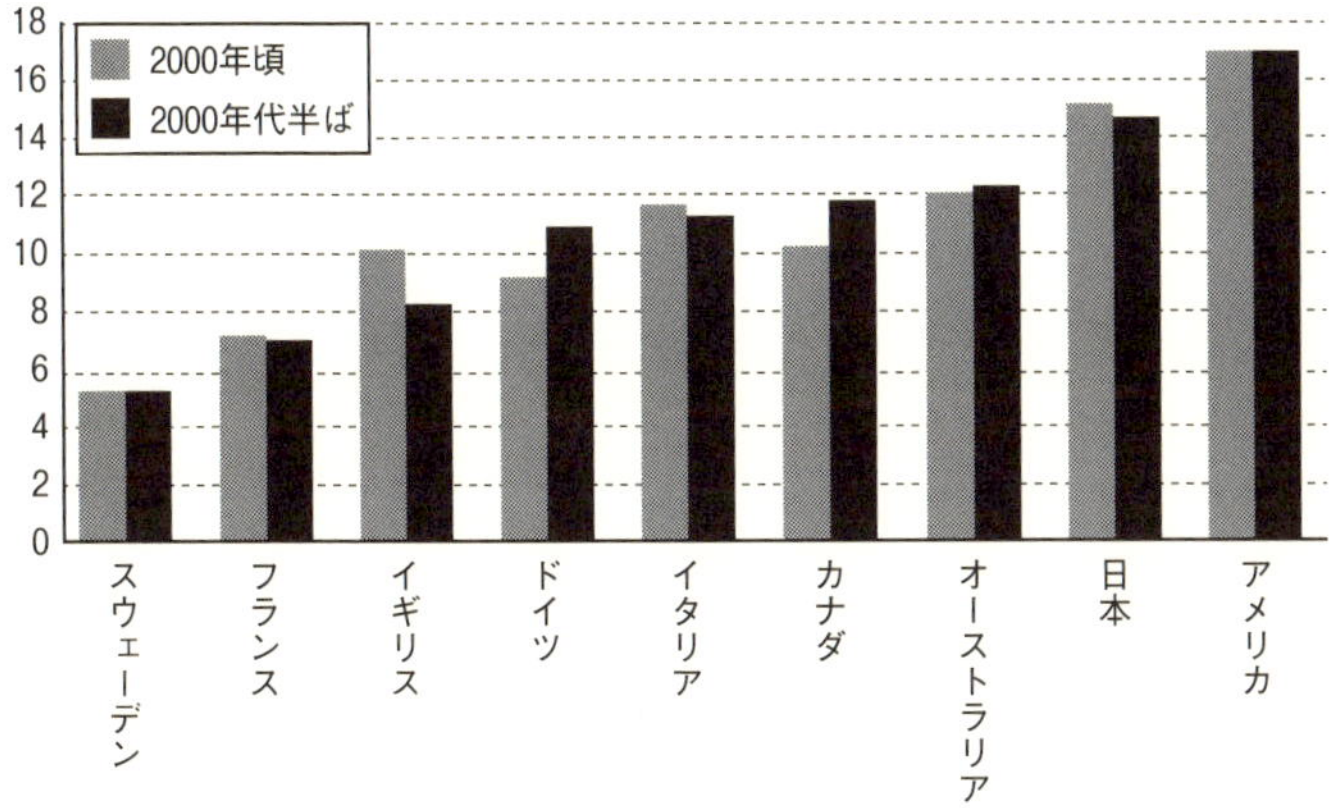

2000年代半ばのデータを見ると、相対貧困率は14.9とアメリカについで高く、ヨーロッパ諸国やオーストラリア・カナダをかなり上回っている。

など一部の経済評論家は、日本は不平等が拡大し、いまやアメリカにつぐ不平等国家になってしまった、と警告しています。

しかし、この主張には大きな問題が一つあります。日本は終身雇用制と年功序列賃金がそこそこ維持されているため、若いうちは給与が極端に低く、定年に近づくにつれて高くなっていきます。つまり、**年齢による所得格差が大きく、それが相対貧困率のデータに反映されてしまう**のです。データでみると、日本は相対貧困率と年齢別賃金の相関がきわめて高いのです。

この問題を回避するため、貧富の差を上位一〇％の所得を下位一〇％の所得で割ったものとして計算したデータによれば、日本は八・四で、六・九のドイツと九・一のフランスの間に位置し、アメリカの一五・九を大きく下回ります。所得が高い国のなかで日本は、ドイツ・韓国・ポーランド・フランス・カナダなどと並んでもっとも格差の小さな国ということになります。

ただし、グローバル化やIT化の影響で、経済的な不平等は世界的に拡大していますす。OECD全体では、トップ一〇％グループの平均収入は下位一〇％のグループの平均収入の九倍と、二五年前の七倍からかなり広がりました。日本も例外ではなく、相対貧困率は一九八五年の一二・〇から二〇〇九年に一六・〇まで上昇しています。

はっきり認識しておくべきなのは、**いまのところ日本の所得分配は比較的平等であり、ドイツ・フランスなど西欧並みの平等社会を維持している**ことです。日本人全体が健康であることの背景には、比較的平等な所得分配と相対的に小さい資産格差があるのです。

全国民をカバーする健康保険制度も、日本人の健康を支えている

日本人の健康を支えるもう一つの重要なファクターは、全国民をカバーしている健康保険制度です。

実は、国民健康保険法がつくられたのは一九三八年で、中国での戦争が拡大し、第二次世界大戦（太平洋戦争）に突入する直前でした。それまでの国民健康法が農民をカバーしていなかったのを、内務省社会局のいわゆる革新官僚（第二次世界大戦期に、総力戦のための国内体制再編を推進した官僚勢力。企画院を拠点として戦時統制経済

の実現を図った）が主導して改めたのです。同じ年に厚生省が内務省から独立しています。

厚生年金保険が成立したのも同じ時期で、民間企業で働く現業（工場・作業場など現場でおこなう業務）の男性が対象の「労働者年金保険」は一九四一年三月に公布され、翌年六月から施行されています。

ようするに**健康保険も年金保険も、いわば「総力戦体制」のための戦時立法で、現在の日本の社会福祉制度の原型は、平時ではなく戦時中に築かれていった**のです。

経済学者の中村隆英《たかふさ》は、『日本経済——その成長と構造』（東京大学出版会）で、社会保険が戦時に体系化されたのは、「戦時において動員された大量の労働力に対する最低の生活保障を行う」という目的があった、と指摘しています。

戦時中に確立した社会保障制度は、戦後は「福祉国家建設」のスローガンのもとに受け継がれ、拡大されていきます。一九五八年には、戦前の国民健康保険法が全面改正されました。

いうまでもなく、新しい国民健康保険の最大の特色は**「国民皆保険」**でしたが、システムが複雑で、事業主体である各自治体の財政事情が異なることなどから、実施に

高齢化が進む日本で、医療費の対ＧＤＰ比が低い理由

【図19】医療費の対GDP比率

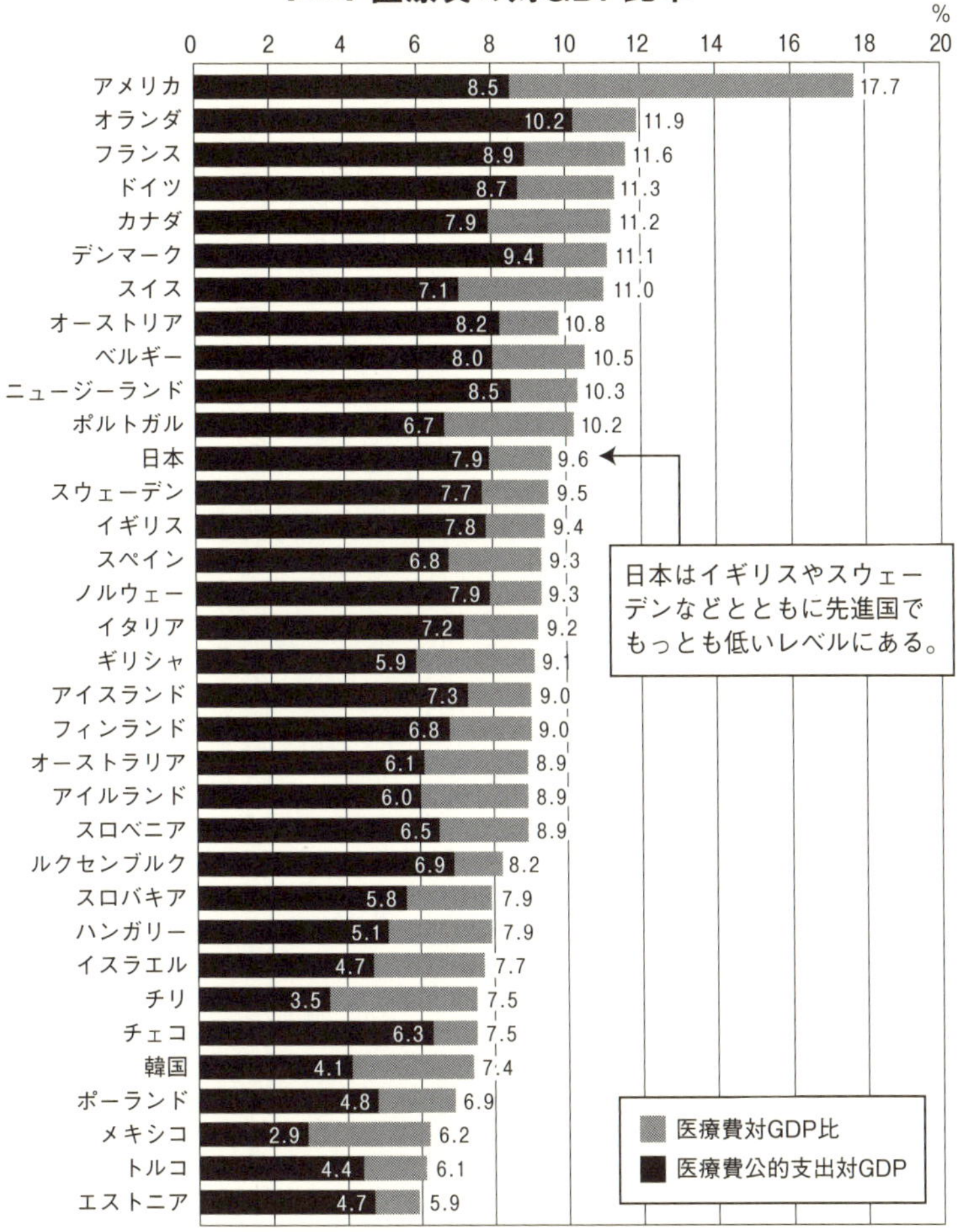

出典：OECD Health Data 2013より編集部作成

高齢化が急速に進む日本で、医療費の対ＧＤＰ比が低いのは、
日本人全体が健康だから。

▼

比較的平等な所得分配や健康保険制度に支えられ、
日本の平均寿命は世界でトップクラスになっている。

は猶予期間が設けられました。最終的に皆保険が実現したのは、高度成長が終わった頃の一九七四年でした。

日本の国民医療費は二〇一三年度の予算ベースで四一兆八〇〇〇億円と、国民一人当たり三〇万円を超えますが、健康保険によって患者負担は一〜三割で済んでいます。

ＯＥＣＤ諸国の医療費の対ＧＤＰ比を見ると（図19）、日本は九・六％でイギリスやスウェーデンなどとともに先進国でもっとも低いレベルです。もっとも高いのはアメリカの一七・七％。メキシコやトルコなどが低いのは、医者にかかる人たちが少ないうえに、医療の水準も低いからでしょう。高齢化が急速に進む日本で、医療費の対ＧＤＰ比が低いのは、やはり日本人全体が健康だからでしょう。

比較的平等な所得分配や健康保険制度に支えられて、日本の平均寿命は世界でトップクラスになっているのです。

第8章

日本は、世界をリードする「成熟国家」であれ!

バブル崩壊以降、成長神話は終わったが、文化的に豊かになれる時代に入った

図20は日本の実質GDPの成長率の推移です。一九五六〜一九七三年度の、いわゆる「高度成長期」の平均成長率は九・一%。「安定成長期」といわれる一九七四〜一九九〇年度の平均成長率は四・二%。一九九一〜二〇一二年度の平均成長率は〇・九%と一%を割り込んでいます。

バブル経済崩壊以降の九〇年代は「失われた一〇年」、最近までの二〇年余は「失われた二〇年」としばしば呼ばれています。しかし、本当に失われた二〇年だったのでしょうか。

筆者はそうは思いません。日本経済が一九九〇年代以降は「成長段階」から「成熟段階」に入ったと見れば、成長率の低下は当然のことだったといえるのではないでしょうか。

図21は一九八〇年以降の一人あたり名目GDP（アメリカドル）の推移です。為替

本当に「失われた20年」だったのか

【図20】GDP成長率の推移

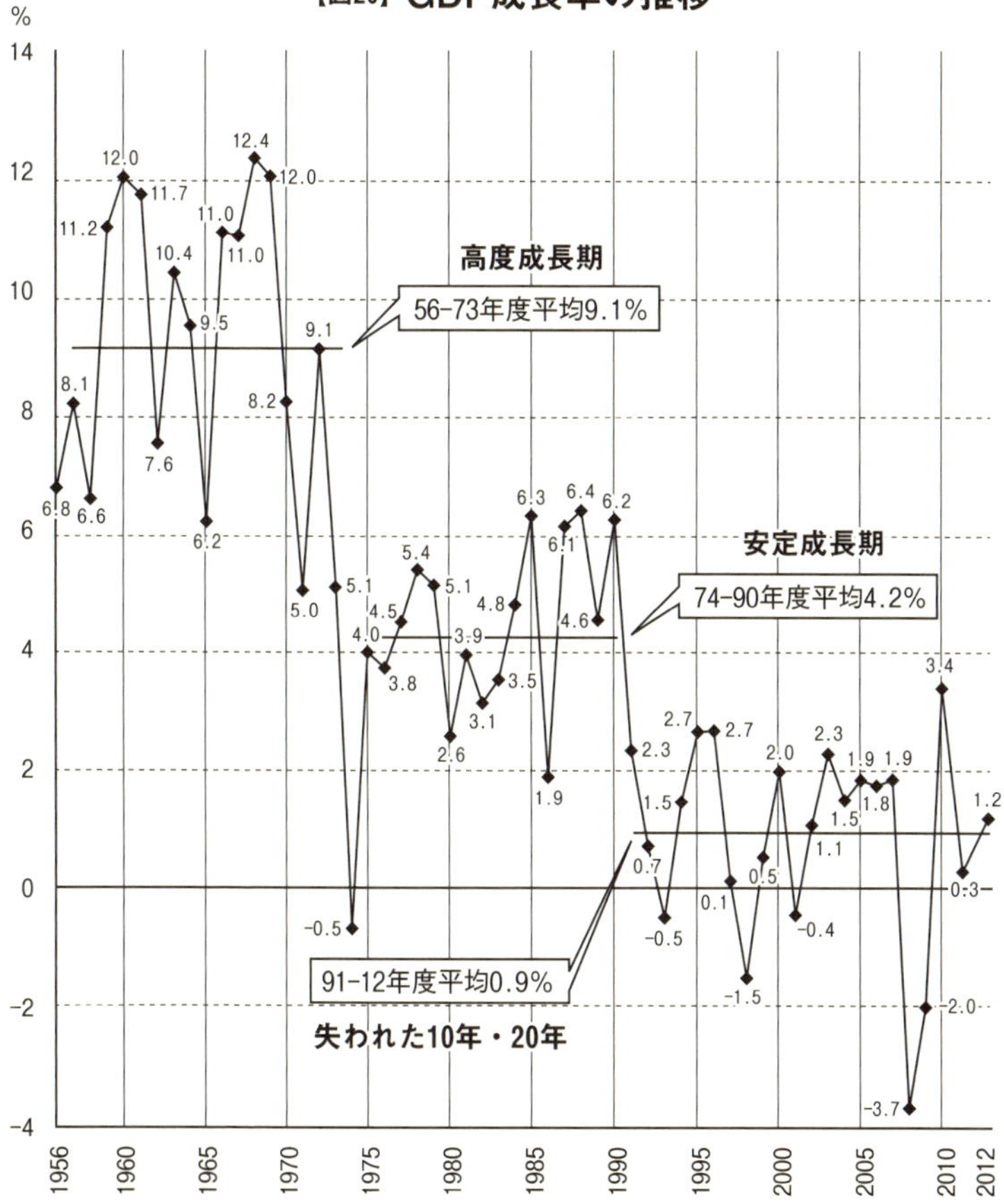

出典：内閣府SNAサイトより編集部作成

バブル経済崩壊後の90年代以降は「失われた10年」「失われた20年」と呼ばれる。

日本経済が1990年代以降「成長段階」から「成熟段階」に入ったと見れば、成長率の低下は当然のことだった。

レートに大きく左右される点は考慮しなくてはいけませんが、一九八九年から二〇〇〇年までは、**日本の一人あたりGDPがアメリカを抜いて世界でナンバー1だった**のです。

アメリカを抜いてナンバー1の時代を「失われた一〇年」というのは、どうも納得がいきません。円高の影響があったとはいえ、**日本が豊かになり、成熟段階に達した時期だったと考えるべき**なのでしょう。

二〇一二年の数字を見ても、日本が西欧に勝る豊かな国であることが見てとれます。二〇一三年は円安の影響で変化が出ていますが、日本がアメリカにつぐ豊かな国であることは、もはや常識として受け入れるべきなのではないでしょうか。

第7章で見たように、日本はアメリカに比べて所得格差が小さく、西ヨーロッパのフランスやドイツと並んでいるわけですから、平均的日本人は、おそらく平均的アメリカ人より豊かといえるのではないでしょうか。だとすれば、ルクセンブルクやノルウェーなどのヨーロッパの小国や、カタールやクウェートなど石油産出国を極端な例外として、**平均的日本人は世界でもっとも豊かな国民だ**、といえるでしょう。

人口四〇〇〇万人以上で、日本より一人あたりGDPが多い国はアメリカだけです。

日本が豊かになり、
成熟段階に達した時期である

【図21】 1人あたり名目GDPの推移

「失われた10年」と言うけれど……
1989年から2000年まで、日本の1人あたりGDPは
アメリカを抜いて世界一だった。

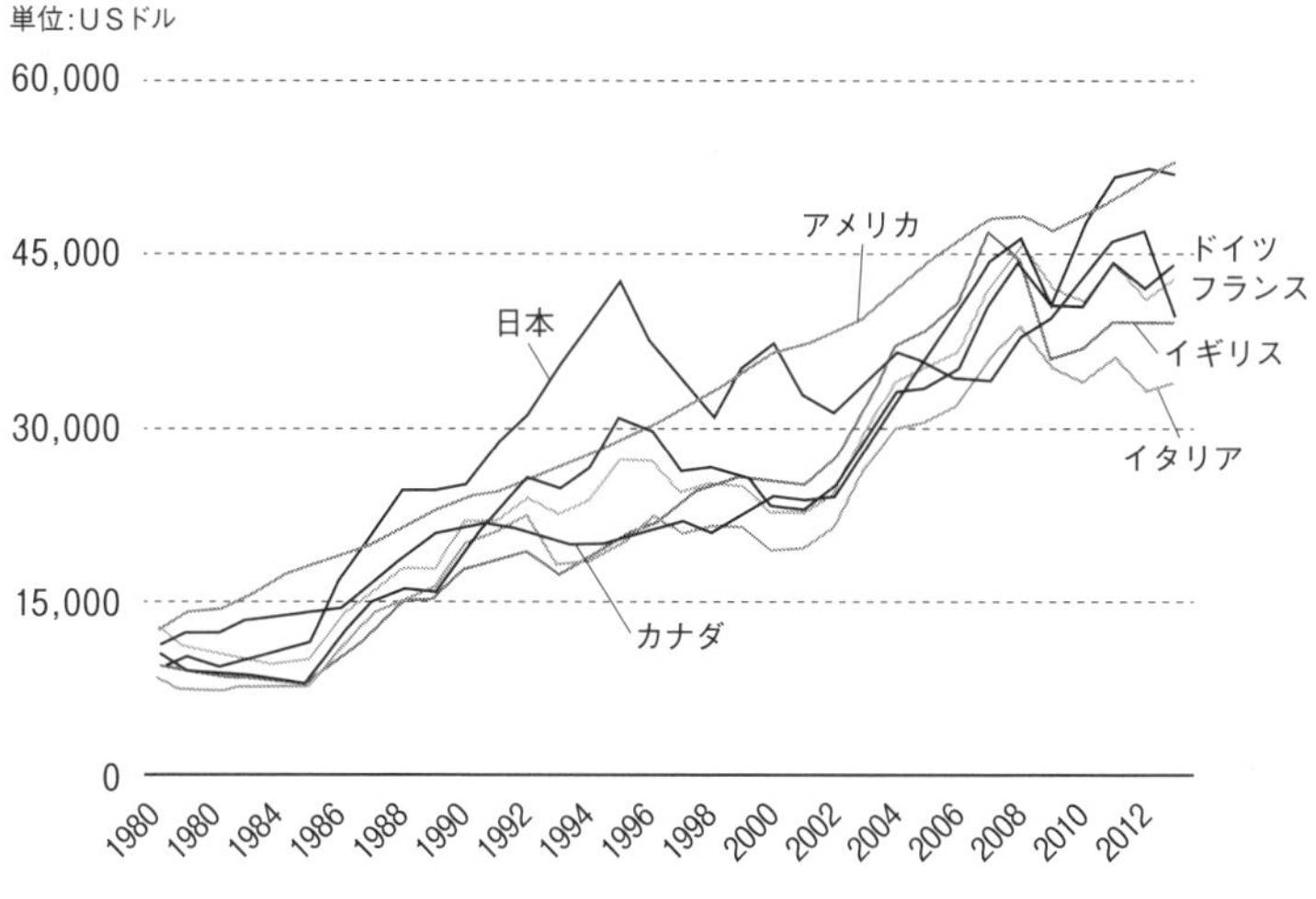

アメリカを抜いてナンバー1の時代を「失われた10年」と言っていいのか？

日本が豊かになり、成熟段階に達した時期だったと考えるべき。

カナダは総面積が世界二位で、一人あたりGDPもアメリカを上回っていますが、人口は三四〇〇万人強です。日本の関東地方くらいの人口がロシアに次ぐ広大な国に住んでいますから極端な「人口小国」で、日本と豊かさを比べてもほとんど意味がないでしょう。

いずれにせよ私たち日本人は、いまや日本が豊かな成熟国になったということを、はっきりと認識しておくべきです。人口が減少するなかで経済成長率が一％前後という水準は決して不思議なことでも、問題視することでもなく、成熟の当然の結果なのだと考えるべきでしょう。「失われた一〇年」「失われた二〇年」などといっている人たちは、依然として過去の「成長シンドローム」から抜け出せないでいるのです。

日本を訪れる外国人がよく口にするのは、「日本が停滞していると聞いてきたが、どこへいっても華やかで活動的だ。とても停滞している国とは思えない」ということです。

江戸時代後期の文化・文政期（一八〇四〜一八二九年）は、人口が一二〇〇〇万人強から三一〇〇万人前後に急増したそれ以前（一七二〇〜一七三〇年頃まで）の時代と大きく異なり、人口が三〇〇〇万人強で変わらず、耕地面積も増えない、経済成長率の低い時代でした。それでも成熟期として江戸文化が大きく花開いた時代だったのです。

一九九〇年代以降の日本も、**江戸後期から末期のように、成長局面から成熟段階に入っただけで、決して停滞しているわけではないと考えるべき**なのでしょう。**経済成長率は低くても、文化的に豊かな、あるいは豊かになりうる時代ということができる**のでしょう。

実は文政期は、徳川幕府や各藩の財政赤字が深刻で、膨大な借金がピークに近づいた時期でもありました。この頃に藩政改革を断行し、成功した藩が雄藩となって、後の明治維新を主導します。一方、幕府の改革はうまくいきませんでした。一八〇〇年代はじめの江戸時代は、この点でも現在の日本の状況とよく似ています。

日本の物価や賃金を引き下げる要因は、東アジアとの事実上の経済統合にある

成熟段階に入って成長率が低下すれば、当然、物価上昇率も下がってきます。日本

の物価は一九九〇年代後半からマイナスのフェーズ、つまりデフレ状況になっています。

ただし、**デフレ、あるいはディスインフレーション（物価上昇率が低く、インフレが収束した状態）は、日本に限ったことではなく、先進国全体で起こっています。**

物価上昇率は、一九九〇年には米五・四％、英七・四％、伊六・四％、仏三・三％、独二・七％でした。二〇一二年には米英独仏が二％台、イタリアは三％台です。ドイツだけが九〇年から二％台ですが、これは東ドイツ崩壊と統一ドイツの成立という特殊事情によるのでしょう。それでもやはり、二〇一二年は九〇年より下がっています。

先進国では、グローバリゼーションが直接の原因となって物価上昇率が軒並み下がっています。旧ソ連圏諸国や中国、インド、その他の途上国が世界市場に本格的に参加しはじめて、これらの国との貿易や直接投資などが増えたから、物価が下がるのです。**IT化もグローバル化につぐ大きな原因**でしょう。

新興国を見ると、インドでは高い水準のインフレが続き、中国の物価上昇率は乱高下しています。先進国の物価上昇率が下がり続ける一方で、新興市場国・途上国の物価上昇率は高い水準ですから、物価そのものは収斂《しゅうれん》する方向に向かっています。

そんななか、物価上昇率がマイナスにまでなっていた先進国は日本だけです。これは東アジア経済の事実上の経済統合が進み、日本経済が東アジアの新興市場国や途上国の経済の大きな影響を受けているからでしょう。

とくに中国と日本の物価が、緩やかに収斂してきています。ファーストリテイリング（ユニクロ）やニトリなどが典型ですが、中国などで生産して日本に逆輸入する企業が増加し、日本の物価を押し下げているわけです。

市場主導で進む東アジアとの緩やかな経済統合は、この十数年、物価だけではなく賃金も大きく引き下げています。つまり、**日本の物価や賃金の下落は、東アジアの事実上の経済統合にともなう「構造的」なものだ、と考えられる**のです。

「不況からの脱却」はいいが、「物価下落からの脱却」は本当に必要か？

安倍晋三内閣は「デフレからの脱却」を重要な経済政策の目標に掲げて、物価や賃金の上昇を目指しています。多くのマスメディアも、これを支持しています。

デフレという言葉は、ここで二重の意味で使われているようです。つまり、「不況」とそれにともなう「物価下落」です。

不況からの脱却は可能ですし、望ましいものです。事実、二〇一二年からは景気回復が実現し、一三年は一・五四％の成長率を達成しています。黒田東彦《はるひこ》日銀総裁による異次元の金融緩和や積極的な財政政策によって、成長率を上昇させることができたのです。しかし、**二％のインフレ目標が達成される可能性は低い**、といわざるをえません。というのは、いま述べたように**物価と賃金の下落は構造的なものであり、その構造が変わったわけではないから**です。金融緩和でかなりの円安ドル高になりましたから、若干の物価上昇は可能でしょうが、それも一％前後にとどまるというのが一般的な見方です。

「デフレからの脱却」は「不況からの脱却」という意味では可能ですし、実現しつつありますが、「物価の下落からの脱却」（二％前後の物価上昇）を実現することは困難でしょう。

物価を上昇させるという意味の「デフレ脱却」には、筆者は賛成できません。構造を変えない限り無理ですし、しかも物価上昇率はゼロ近くをウロウロしているだけで、マイナスにつぐマイナスというように下がり続けているわけではないからです。

これは**物価下落というより、むしろ物価安定というべき**なのではないでしょうか。

とくに、自動車やテレビなどの耐久消費財を除いた消費財、食料や衣料品価格は、下落というよりも安定というべき状況です。

実質GDP成長率や実質所得の伸び率が上昇するのであれば、物価は安定しているに越したことはありません。**構造的に下がって安定している物価を、無理やり二%まで押し上げる必要はない**のです。政府もマスメディアも、もっと「デフレ」という言葉を正確に使い、むやみに「デフレ脱却」と連呼するべきではないでしょう。

格差を拡大し、それを固定化してしまう大きな要因は何か？

第7章で指摘したように、日本の所得分配は比較的平等ですが、**このところ格差が広がっている**ことも事実です。**グローバリゼーション下での経済の成熟は、格差を拡大し、それを固定してしまう傾向がある**ようなのです。

雇用者に占める非正規雇用者（有期契約労働者・派遣労働者・パートタイム労働者など）の割合は、二〇一三年に三六・二％となり、三分の一を超えています。図22から明らかなように、非正規比率はトレンドとして上昇しています。とくに女性で多く、二〇一三年には女性の非正規比率は五五・四％と男性の二〇・九％を大きく上回っています。図23が示すように、非正規雇用者には女性のパートが多く、八〇四万人に達しています。

こうした非正規雇用者の増大は企業の競争、とくに外国との激しい競争の結果、生まれてきたものだといえるのでしょう。かつての日本は終身雇用・年功序列・企業別組合といった仕組みのなかで、正社員中心の労働市場を持っていましたが、とくに中国などとの競争に対応するために平均賃金を下げざるをえず、その結果、非正規雇用者が増加してしまったのです。

正規・非正規雇用者の賃金格差は、市場競争の結果なのですから、企業や産業レベルでこれを解消することはほとんど不可能だ、ということができるのでしょう。いま政府は企業に賃金を引き上げてくれと要請していますが、トヨタや日立といった超優良大企業はともかく、ほとんどの企業、とくに中小企業が賃上げに応じるのは、たい

雇用面では、格差が拡大しつつある

【図22】非正規雇用者の比率

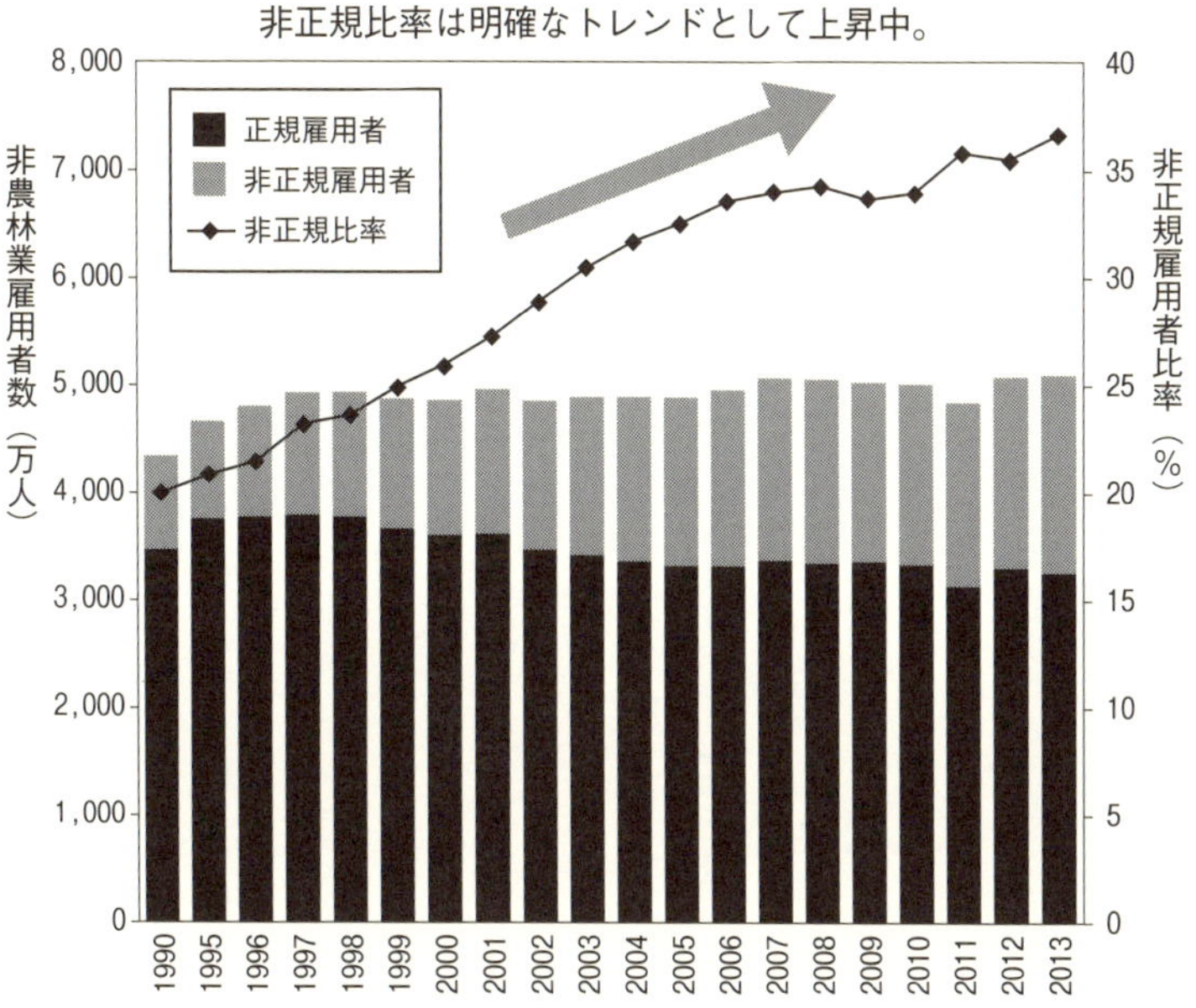

出典：労働力調査より編集部作成

雇用者に占める非正規雇用者（有期契約労働者・派遣労働者・パートタイム労働者など）の割合は、2013年に3分の1を超えた。

【図23】非正規雇用者の内訳（2013年）

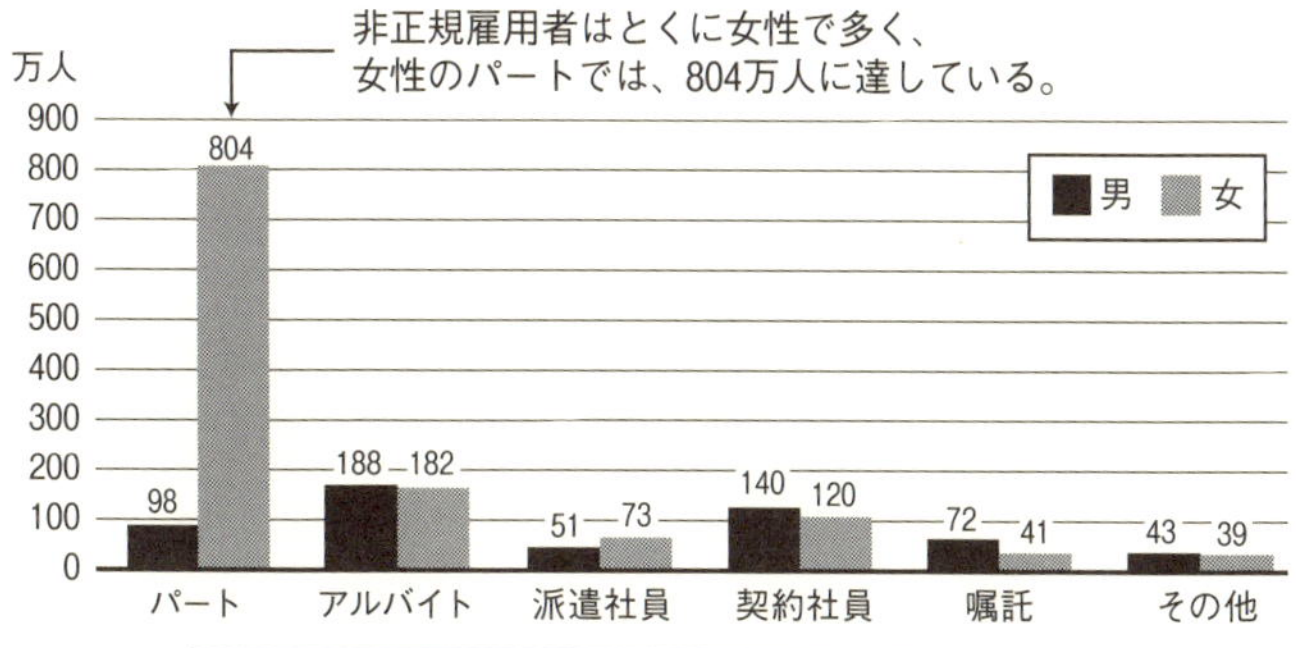

2013年の非正規比率　女性55.4%　男性20.9%

へん難しいといわざるをえません。

市場競争の結果ということは、格差は世界的に拡大しているわけです。ＯＥＣＤは二〇一一年一二月に出した報告書「分断されたわれわれ：なぜ不平等が増大し続けるのか（Divided We Stand : Why Inequality Keeps Rising）」で、ＯＥＣＤ諸国における収入差が過去半世紀で最大になったと記しています。所得トップ一〇％のグループの平均収入は、所得下位一〇％のグループの平均九倍で、四半世紀前の七倍からなお広がったというのです。

格差の拡大を解消する「大きな政府」か、容認する「小さな政府」か？

市場経済に起因し、企業や産業レベルでは手の打ちようがない**格差の拡大に対応するには、政府が所得の再分配政策をおこなう**しかありません。

主要先進国における再分配政策の実施前と後の相対貧困率を図24に示しましょう。多くのヨーロッパ主要国では、再分配前の相対貧困率が日米より高いにもかかわらず、再分配後の相対貧困率は大きく下がり、フランスなどは日米の半分以下になっています。

もちろん、これだけ徹底した再分配政策を実行するためには、高負担・高福祉のシステムを導入せざるをえません。

ちなみにフランスの消費税の標準税率は一九・六%。イタリア・ドイツ・イギリスは、それぞれ二一%、一九%、二〇%です。高福祉国家といわれる北欧諸国の税率はさらに高く、スウェーデン二五%、フィンランド二四%です。つまり、西ヨーロッパ諸国は**格差を解消するために税金を高くし、いわゆる「大きな政府」を維持している**のです。

国民が所得から税金と社会保障費（の掛け金）をどのくらい支払っているかという割合を「国民負担率」といいます。図25からわかるように、日本の国民負担率は、アメリカと並んで四〇%以下と低くなっています。つまりアメリカも日本も「小さな政府」を維持しています。ヨーロッパはイギリスが四〇%台後半とやや低いものの、ドイツが五〇%前後、フランスやスウェーデンが六〇%と「大きな政府」を維持しています。

日本にとって、今後どのような政策の選択肢があるかは明らかです。現在のように**アメリカのような小さな政府を維持して格差の拡大を放置するか。西ヨーロッパ諸国のように大きな政府に移行して格差の解消を図るか。**この二つしか道はありません。

筆者は、**成熟段階に入った日本は西ヨーロッパ型の福祉国家、あるいは、大きな政府を目指すべきだ**と考えていますが、二つの選択肢のどちらを選ぶかは、国民による政治の選択です。小さな政府のままで格差を容認するか、高負担の大きな政府にして格差を解消するかは、日本という国の将来を決定づけるきわめて重要な政策の選択です。総選挙や国民投票によって、すべての国民の意見を問うて、選択すべきでしょう。

「成熟」という観点から日本を見れば、悲観する必要などまったくない

一九九〇年代以降に成熟期に入ってきた日本は、**「成熟国家」という観点から見れば、世界のトップランナーである**ことがはっきり認識できます。

成熟国家の主な要素は、**環境、安全、健康**などでしょう。

大きな政府か小さな政府か

【図24】再分配政策前後の貧困率

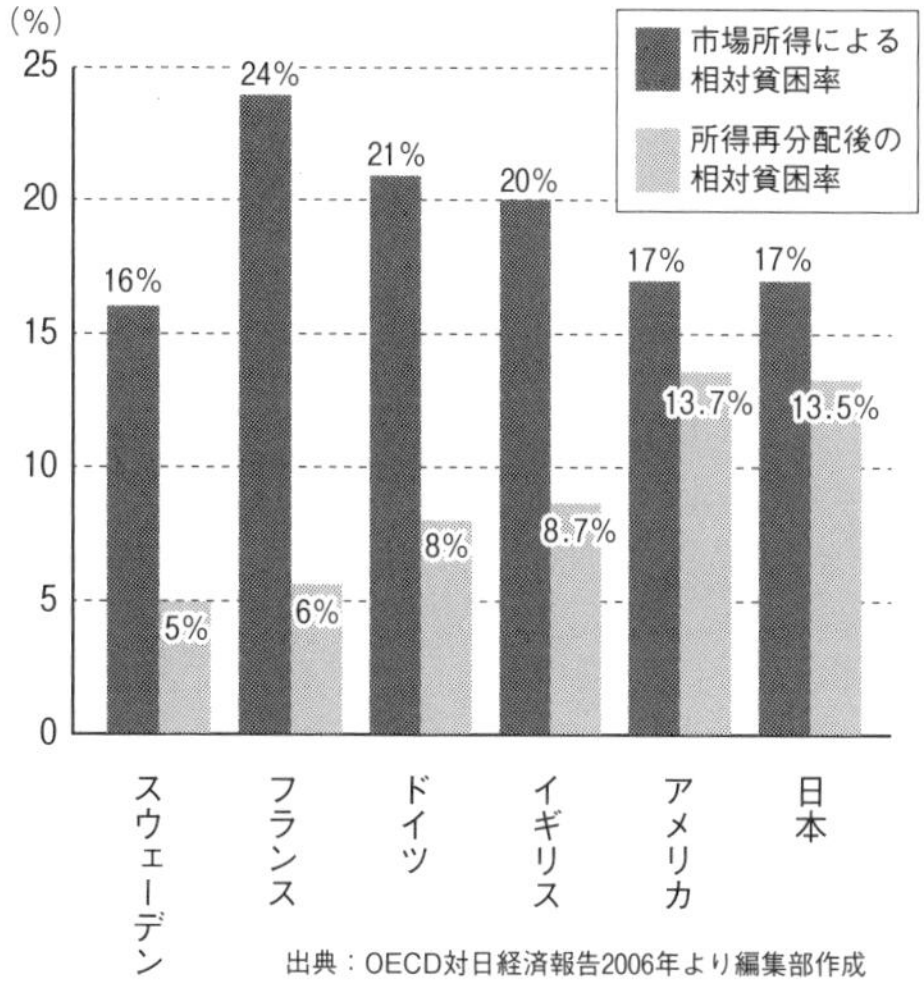

出典：OECD対日経済報告2006年より編集部作成

貧困層を抱える欧州諸国だが、所得の再分配機能によって貧困をある程度のレベルで抑え込んでいる。

それを可能にしているのは、高負担・高福祉のシステムを導入しているから。

所得再分配が、欧州では機能するが、日米では形骸化している。

【図25】主要国の国民負担率

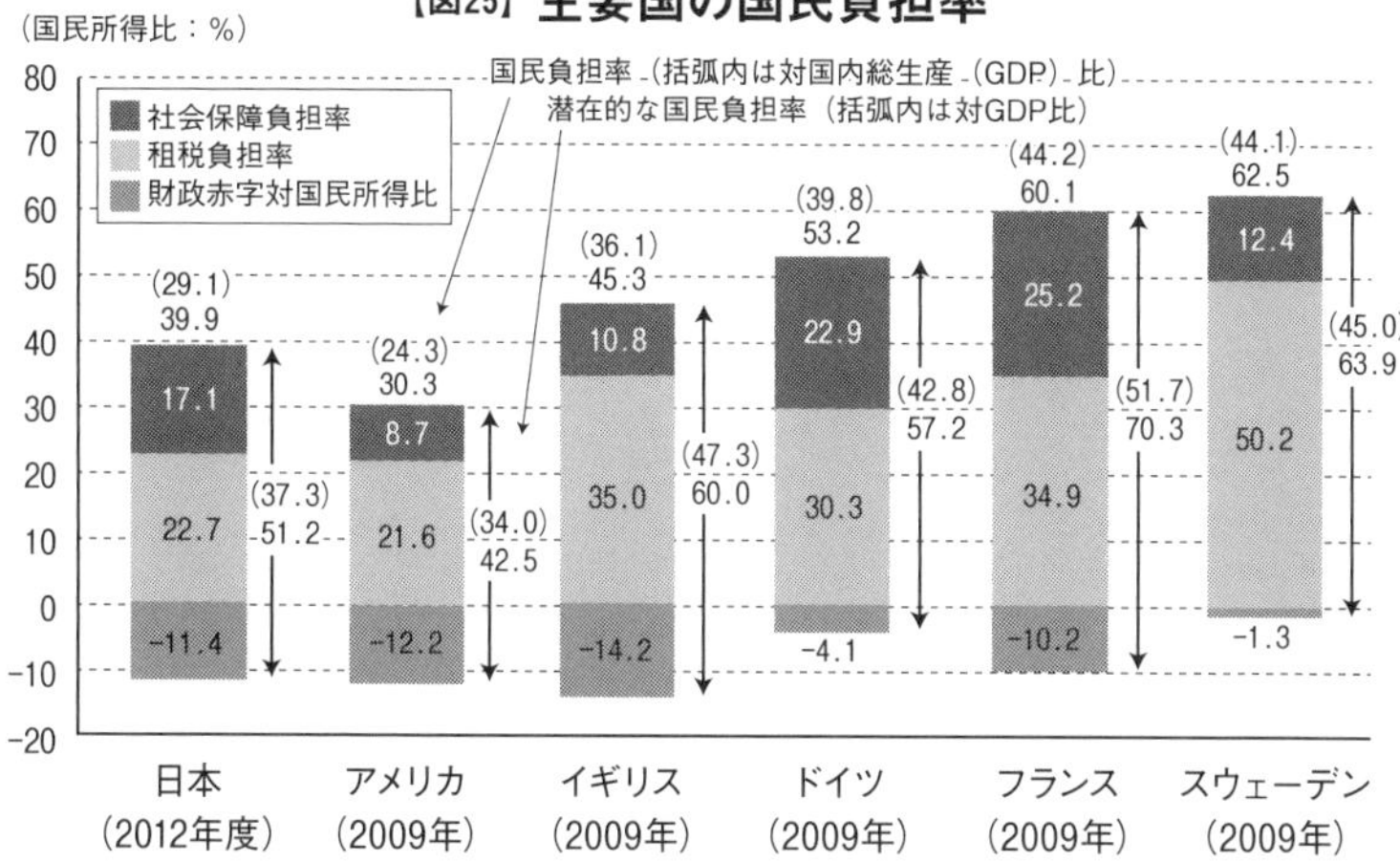

出典："National Accounts"(OECD)、"Revenue Statistics"(OECD)ほかより編集部作成

日本の国民負担率は、アメリカと並んで低い。

アメリカも日本も「小さな政府」を維持。

ドイツが50%、フランスやスウェーデンが60%と「大きな政府」を維持。

本書で繰り返し述べてきたように、日本の環境のすばらしさは世界有数です。国土の七割近くが森という世界でも珍しい豊かな森の国。ヨーロッパの三倍雨が降り清流に恵まれた水の国。しかも世界三大漁場の一つというきわめて豊かな海に囲まれた国。とても温暖で美しい四季がめぐってくる国。こんなすばらしい自然に囲まれた国はないのです。

平和で安全という意味でも、日本は世界有数です。大陸と荒海で隔てられて外敵の侵略がほとんどなく、国内も政治・宗教の見事なバランスを保った天皇制システムや、豊かな分権システムによって、内乱のない安定した時代が長く続きました。だからこそ、文化や伝統が連続し、世界に誇るユニークな文化が生まれました。

日本人が世界でもっとも健康な国民であることも、すでに強調しました。平均寿命が世界でもっとも長いだけではなく、平均寿命から自立した生活ができない介護年月を引いた健康寿命も世界のナンバー1です。豊かな自然のなかで伝統的な生活を維持しているところほど寿命が長いようで、いにしえの都、京都と奈良は国内ナンバー6、7と高い平均寿命を誇っています。

成熟国家の基本的な要素である環境・安全・健康のいずれも世界トップですから、

日本は成熟国家として世界のトップランナーなのです。

成熟国家というと、私たちはヨーロッパの国ぐにを思い浮かべます。石造りの街並みが、いかにも成熟した感じですし、私たちが使っている文物《ぶんぶつ》（文化の所産としての学問・芸術・宗教・法律・制度）の多くがヨーロッパ起源だからでしょう。

しかし、日本は経済的にもヨーロッパに匹敵する豊かな国で、環境・安全・健康面でもヨーロッパを圧倒するパフォーマンスを示しています。つまり、**成熟国家としての日本はヨーロッパをしのぐまでになってきている**のです。

成長シンドロームから抜け出て「成熟」という観点から日本を見れば、私たちは悲観する必要などまったくありません。それどころか、大いに楽観的になって日本を世界に誇ってもよいのではないでしょうか。

事実、多くの日本人にとって、日本はさまざまな意味でとても住みやすい国です。気候も温暖で、国土も豊かで安全、食べものもおいしい……。こんなにすばらしい国は、世界広しといえども日本以外にはほとんどないといってよいのです。そんなすばらしさを最大限、戦略的に生かしていく生き方こそが、いま日本人に求められているのではないでしょうか。

仕事に活きる
教養としての「日本論」

発行日　2014年9月3日　第1刷

著者　榊原英資

デザイン　阿形竜平＋菊池崇
編集協力　坂本衛、正木誠一
校正　有賀喜久子

編集担当　高橋克佳、小林英史
営業担当　増尾友裕
営業　丸山敏生、熊切絵理、石井耕平、菊池えりか、伊藤玲奈、櫻井恵子、吉村寿美子、田邉曜子、矢橋寛子、矢部愛、大村かおり、高垣真美、高垣知子、柏原由美、大原桂子、蓑浦万紀子、寺内未来子、網脇愛
プロモーション　山田美恵、浦野稚加
編集　柿内尚文、黒川精一、名越加奈枝、杉浦博道、舘瑞恵
編集総務　鵜飼美南子、高山紗耶子、森川華山、高間裕子
講演事業　齋藤和佳
マネジメント　坂下毅
発行人　高橋克佳

発行所　株式会社アスコム

〒105-0002
東京都港区愛宕1-1-11　虎ノ門八束ビル
編集部　TEL：03-5425-6627
営業部　TEL：03-5425-6626　FAX：03-5425-6770

印刷・製本　中央精版印刷株式会社

Printed in Japan ISBN 978-4-7762-0840-2